Musculation intelligente :

De la sueur à la réussite

Raymond Mialon

Musculation intelligente :   De la sueur à la réussite

Raymond Mialon

Musculation intelligente :

De la sueur à la réussite.

Par : Raymond Mialon

Raymond Mialon

© 2024 Raymond Mialon
Édition : BoD - Books on Demand, info@bod.fr
Impression : BoD – Books on Demand,
In de Tarpen 42, Norderstedt (Allemagne)
Impression à la demande
ISBN : 978-2-3225-0702-3
Dépôt légal : Février 2024

Raymond Mialon

Pourquoi ce livre ?

Ce livre est conçu pour répondre au besoin croissant de comprendre les avancées scientifiques dans le domaine de l'entraînement athlétique et de la récupération musculaire.

En combinant les recherches les plus récentes avec des conseils pratiques, il offre une ressource complète pour les amateurs de fitness et les athlètes qui cherchent à maximiser leurs performances.

Que ce soit pour améliorer la force, l'endurance, la récupération ou simplement pour mieux comprendre les mécanismes de l'entraînement, ce livre est un guide précieux pour tous ceux qui cherchent à optimiser leurs entraînements et à atteindre leurs objectifs de remise en forme.

À qui s'adresse ce livre ?

Ce livre s'adresse à un large public, notamment aux amateurs de fitness, aux athlètes amateurs et professionnels, aux entraîneurs sportifs, aux professionnels de la santé, ainsi qu'à toute personne intéressée par les dernières avancées en matière d'entraînement et de récupération musculaire.

Son contenu varié et accessible en fait une ressource précieuse pour tous ceux qui cherchent à améliorer leur compréhension des principes scientifiques qui sous-tendent l'entraînement sportif et à appliquer ces connaissances à leur propre pratique.

Que vous soyez un débutant cherchant à optimiser sa routine d'entraînement ou un professionnel du sport à la recherche de nouvelles stratégies, ce livre offre des informations utiles et pertinentes.

Introduction:

Dans un monde où la recherche d'une forme physique optimale et de performances athlétiques exceptionnelles est devenue une passion partagée par de nombreuses personnes, il continue d'y avoir un intérêt croissant pour la science de l'entraînement et de la récupération musculaire. À travers ce livre, nous plongeons au cœur des dernières avancées scientifiques et des stratégies innovantes visant à maximiser les gains musculaires, à optimiser la récupération et à repousser les limites de la performance physique.

Des programmes d'entraînement périodisés à l'évaluation des suppléments et des ergogènes, en passant par l'optimisation du temps d'entraînement et l'étude approfondie des méthodes de récupération, chaque chapitre de ce livre offre un aperçu éclairé des dernières techniques et recherches dans le domaine de l'entraînement sportif.

Que vous soyez un athlète à la recherche de performances optimales, un passionné de fitness ou un professionnel de la santé, ce livre est une ressource inestimable qui vous guidera à travers les tenants et aboutissants de la science de l'entraînement, vous permettant d'atteindre de nouveaux sommets dans votre parcours de remise en forme et d'athlétisme.

L'histoire de la culture du fitness est riche et complexe, marquée par l'essor des salles de sport emblématiques, l'influence des mouvements sociaux et l'évolution des normes esthétiques.

Raymond Mialon

Il était intéressant de faire des recherches sur l'évolution du culturisme à travers les âges, en se concentrant sur les grandes figures de ce sport, les moments clés de son développement et l'impact des grandes compétitions telles que le Mr. Olympia.

Explorer l'histoire de la culture du fitness, les salles de sport emblématiques, les mouvements sociaux liés à la musculation et l'évolution des normes esthétiques.

Gold's Gym :
Un temple de la musculation :

Gold's Gym, fondé en 1965 à Venice Beach, en Californie, est bien plus qu'un simple centre de remise en forme. Il est devenu un symbole emblématique de la musculation et de la musculation, attirant des bodybuilders de renom et contribuant à sa renommée internationale. Voici quelques aspects et anecdotes uniques associés à ce temple de la musculation :

Un lieu de légendes :

Gold's Gym est devenu célèbre pour avoir accueilli certains des bodybuilders les plus emblématiques de l'histoire, notamment Arnold Schwarzenegger, Lou Ferrigno, Franco Columbu et bien d'autres. Ces athlètes ont contribué à forger la réputation du Gold's Gym en tant qu'endroit où les champions s'entraînent et se préparent pour des compétitions de classe mondiale.

L'atmosphère unique de Gold's Gym, imprégnée par l'odeur de la fonte et de la sueur, a inspiré des générations d'amateurs de musculation, attirant des amateurs de fitness du monde entier pour s' imprégner de la l'esprit et l'énergie qui l'imprègne.

En plus de son statut de temple de la musculation, Gold's Gym a contribué à populariser la musculation et le fitness à l' échelle mondiale.

Raymond Mialon

Les images   emblématiques de bodybuilders   s'entraînant au Gold's Gym ont eu un impact significatif sur la culture populaire, influençant les idéaux de remise en forme   et inspirant des millions de personnes à s'engager dans un mode de vie plus sain et plus   actif.

Gold's Gym a été le théâtre de rencontres mémorables entre bodybuilders de renom, favorisant des moments de compétition amicale et d'échange de connaissances et d'expériences.
Ces interactions ont contribué à forger un sentiment de communauté et de camaraderie entre les culturistes.
De nombreux films et documentaires de musculation ont été tournés au Gold's Gym, soulignant son importance dans l'histoire et la culture du fitness.
En bref, Gold's Gym est bien plus qu'un simple centre de musculation.

C'est un lieu chargé d'histoire, d'inspiration et de camaraderie, qui a laissé une marque indélébile sur le monde de la musculation et du fitness.
Son impact culturel et social continue de se faire sentir à travers les générations, et sa réputation de temple de la musculation reste inégalée.

Plage musculaire :

Muscle Beach, situé à Venice Beach, en Californie, est un emblème de la musculation et de la musculation, et un lieu imprégné d'une histoire riche et de traditions uniques.

Un lieu chargé d'histoire :

Muscle Beach est devenu célèbre dans les années 1930 et 1940 pour accueillir des bodybuilders, des acrobates et des amateurs de fitness qui affluaient pour s'entraîner en plein air sous le soleil californien.

Cet open space est rapidement devenu un lieu symbolique où les passionnés de musculation se réunissaient pour échanger des idées et des techniques d'entraînement.

La célèbre salle de sport en plein air de Muscle Beach est devenue une salle de spectacle, attirant des spectateurs venus admirer les prouesses physiques des bodybuilders et des athlètes, contribuant ainsi à populariser la musculation dans la culture populaire.

Muscle Beach a joué un rôle clé dans la popularisation de la musculation et du fitness , devenant un symbole de la culture du fitness en Californie et au-delà.

Les idéaux de beauté et de forme physique ont été façonnés par ses images emblématiques, inspirant des générations de personnes à s'engager dans une vie plus active et plus saine.

Raymond Mialon

L'atmosphère festive et communautaire de Muscle Beach a favorisé un esprit de camaraderie et d'entraide entre les amateurs de musculation, créant un environnement propice à l'échange de connaissances et à l'inspiration mutuelle.

Muscle Beach a été le théâtre de nombreuses démonstrations de force et d'endurance, mettant en vedette des bodybuilders et des athlètes de renom qui ont attiré l'attention du public et des médias.

Ces spectacles ont contribué à faire connaître la musculation à un public plus large, augmentant ainsi son attrait culturel et social.

Des personnalités du culturisme comme Arnold Schwarzenegger ont fréquenté Muscle Beach, y trouvant une source d'inspiration et un terrain d'entraînement pour que leur passion pour la musculation s'épanouisse.

En conclusion, Muscle Beach reste un lieu mythique incontesté de la musculation et de la musculation, imprégné d'une histoire riche et d'une profonde influence culturelle. Son héritage se perpétue à travers les générations, et son rôle dans la popularisation de la musculation ne peut être sous-estimé.

Raymond Mialon

Influence des médias et des réseaux sociaux :

Les médias et les médias sociaux ont contribué à façonner les normes esthétiques en mettant en lumière une variété de corps, ce qui a contribué à promouvoir une vision plus inclusive de la beauté et de la forme physique.

En bref, l'histoire de la culture fitness est étroitement liée à l'émergence de lieux emblématiques, à l'influence des mouvements sociaux et à l'évolution des normes esthétiques, reflétant les changements culturels et technologiques au fil du temps.

Évolution de la musculation :

La musculation moderne a ses racines dans l'Antiquité, où la musculation et la force physique étaient valorisées dans les sociétés grecques et romaines, comme en témoignent les sculptures et les écrits de l'époque.

Au 19ème siècle, des pionniers tels qu'Eugen Sandow, souvent appelé le « père de la musculation moderne », ont contribué à populariser la musculation en tant que forme d 'art physique et de performance athlétique.

Dans les temps anciens, la musculation était souvent associée à des idéaux esthétiques et à des démonstrations de puissance physique.

Les sculptures grecques et romaines illustrent l'admiration pour le corps humain bien développé, tandis que les textes anciens font référence à des pratiques de conditionnement physique.

Raymond Mialon

Eugen Sandow a contribué à faire de la musculation un spectacle public en mettant en valeur ses propres capacités physiques et artistiques.
Il a également développé des méthodes d'entraînement et promu une esthétique musculaire bien définie.

Qui était Eugen Sandow ?

Eugen Sandow, né Friedrich Wilhelm Müller, était un bodybuilder, showman et acteur d'origine prussienne en 1867. Il est souvent considéré comme le père de la musculation moderne.
Voici quelques informations inédites à ce sujet :
Sandow était connu pour sa force et ses performances de musculation, y compris sa capacité à contrôler ses muscles et à présenter son corps de manière artistique.
Il a été l'un des premiers bodybuilders à se produire dans des spectacles publics, ce qui a contribué à populariser le bodybuilding comme forme de divertissement.
En plus de sa carrière de bodybuilder, Sandow a également lancé sa propre ligne de produits de musculation et publié plusieurs livres sur le sujet.
Il était une figure influente de l'ère victorienne, attirant l'attention de nombreuses personnalités de l'époque, y compris des membres de la famille royale britannique.
Ses réalisations ont laissé un impact durable sur le monde du fitness et de la musculation, et il est souvent célébré comme l'un des pionniers dans ces domaines.

Raymond Mialon

Eugen Sandow a laissé une marque indélébile sur l 'histoire de la musculation et de la musculation, et son héritage se perpétue à ce jour.

Eugen Sandow percevrait probablement le bodybuilding moderne comme une évolution naturelle de sa propre discipline, mais avec certains éléments qui pourraient le surprendre ou le décevoir.
Voici quelques points sur la façon dont il pourrait percevoir la musculation moderne :

Évolution de la discipline :
Sandow serait probablement impressionné par les avancées techniques et scientifiques dans le domaine de la musculation et de la musculation. De nouvelles méthodes d'entraînement, des progrès en matière de nutrition et de supplémentation peuvent piquer votre intérêt.
Peut-être a-t-il reconnu les similitudes entre les objectifs qu'il poursuivait à son époque et ceux des bodybuilders modernes, y compris la poursuite de la perfection physique et de la performance.

Marketing et couverture médiatique :
Sandow, qui était un showman, a peut-être été impressionné par la couverture médiatique et la popularité du culturisme moderne, mais aussi préoccupé par la commercialisation excessive de certains aspects de la discipline.
Il peut être surpris par l'ampleur des compétitions de musculation, la taille des athlètes, et l'aspect parfois extrême de la musculature développée par certains compétiteurs.

Raymond Mialon

Culture et image :

Sandow, qui accordait une grande importance à l'esthétique et à la maîtrise du corps, peut être préoccupé par certains des excès esthétiques et des pressions sociétales liées à l'apparence physique dans le monde de la musculation moderne.
Il pouvait encourager les bodybuilders modernes à maintenir un équilibre entre la force, la santé et l'harmonie esthétique, des valeurs qu'il considérait comme essentielles.

Dans l'ensemble, Eugen Sandow verrait probablement le culturisme moderne comme une évolution naturelle de sa propre discipline, avec à la fois des points positifs et des défis à surmonter.
Sa vision et ses idéaux pourraient servir de référence pour encourager les bodybuilders modernes à viser l ' excellence physique tout en maintenant un équilibre sain dans leur pratique.

Qui était Steve Reeves ?

Steve Reeves était un bodybuilder, acteur et philanthrope américain né en 1926. Un athlète que j'ai eu l'honneur de recevoir chez moi pendant 15 jours, lors du Papy du Muscle que j'ai organisé dans le sud de la France, avec mes amis et témoins de mariage, les non moins célèbres : Josette Rosh Shuey et Lucien Demeilles, rédacteur en chef du magazine : Le Monde du Muscle.

Raymond Mialon

Reeves a acquis une renommée internationale dans les années 1950 en tant que bodybuilder, remportant le titre de M. Univers en 1950, 1951 et 1952.

Il a contribué à populariser la musculation à une époque où c'était encore un domaine de niche.

En plus de sa carrière de culturiste, Reeves est devenu célèbre pour son rôle dans des films à péplum, notamment en tant qu'Hercule dans le film « Hercule » de 1958, qui a été un énorme succès commercial.

Dans les westerns et aussi dans le rôle de Simbad le marin.

Voici une anecdote, racontée par Steve lui-même lors d'un dîner à la maison. Son manager de l'époque a refusé l'offre faite par Steve, le rôle de James Bond. Est-ce une excuse ? Un film inintéressant qui nuirait à sa carrière et n'aboutirait pas. Hallucinant, n'est-ce pas ?

Cela étant dit, il était connu pour son physique exceptionnel, qui a inspiré de nombreuses générations de bodybuilders et d'athlètes.

Son approche de l'entraînement et de la nutrition a également influencé de nombreux bodybuilders.

Steve Reeves était également un homme d'affaires prospère, investissant dans l'immobilier et d'autres entreprises.

Il a habilement utilisé sa renommée pour promouvoir la santé et le bien-être en encourageant les gens à adopter un mode de vie sain et actif.

En dehors de sa carrière, Reeves était également connu pour son implication philanthropique, soutenant des œuvres de bienfaisance et des causes humanitaires tout au long de sa vie.

Steve Reeves a laissé un héritage durable en tant que bodybuilder, acteur et modèle de mode de vie sain.
Sa contribution à la popularisation de la musculation et son influence sur la culture populaire restent incontestées.
Steve Reeves est l'une des légendes du bodybuilding et reste à ce jour, un modèle.

Grandes figures de musculation :

Au fil du temps, des figures emblématiques telles qu'Arnold Schwarzenegger, Lou Ferrigno, Franco Columbu et d'autres ont joué un rôle majeur dans l'essor du culturisme, propulsant le sport sur la scène internationale grâce à concours, films et publications.
En fait, c'est au 20e siècle que des personnalités comme Arnold Schwarzenegger ont élevé le culturisme à un niveau international grâce à leurs exploits sportifs et à leurs carrières cinématographiques.
Schwarzenegger, en particulier, a joué un rôle important dans la popularisation de la musculation dans le monde entier et a contribué à changer les perceptions du corps musclé.

Un mot sur Arnold Sswarzenegger.

Arnold Schwarzenegger est une personnalité emblématique, connue pour ses multiples succès en tant qu'acteur, culturiste, politicien et philanthrope.

Né en Autriche en 1947, Schwarzenegger a commencé sa carrière en tant que bodybuilder, remportant sept fois le titre de Mr. Universe et Mr. Olympia, établissant sa réputation dans le monde du bodybuilding.

Sa transition vers le cinéma a été couronnée de succès, notamment dans des rôles emblématiques tels que Conan le Barbare et Terminator , qui ont contribué à faire de lui l'une des stars les plus emblématiques d'Hollywood .

En plus de sa carrière cinématographique, Schwarzenegger a été un politicien engagé, ayant été gouverneur de Californie de 2003 à 2011. Au cours de son mandat, il s'est concentré sur les questions environnementales et économiques.

En tant qu'entrepreneur, Arnold Schwarzenegger a investi dans divers secteurs, notamment l'immobilier et les technologies propres. Il a également fondé l'Arnold Sports Festival, l'un des plus grands événements sportifs multisports au monde.

Sur le plan philanthropique, Schwarzenegger a soutenu de nombreuses causes, notamment l'éducation, la santé et l'environnement, utilisant sa notoriété pour sensibiliser aux problèmes sociaux et environnementaux.

Raymond Mialon

Arnold Schwarzenegger reste une figure emblématique, reconnue pour ses réalisations dans une variété de domaines, de la musculation à la politique en passant par le cinéma.

Son influence s'étend bien au-delà de ses rôles sur grand écran, et il continue d'être une source d'inspiration pour de nombreuses personnes à travers le monde.

Lou Ferrrigno:

Lou Ferrigno est une personnalité connue pour ses réalisations en tant que bodybuilder et acteur.

Né en 1951 à Brooklyn, New York, Lou Ferrigno est devenu célèbre pour son impressionnante carrière de bodybuilder.

Il a remporté le titre de M. Univers en 1973 et 1974, et a participé à de nombreuses autres compétitions de culturisme réussies.

Ferrigno est devenu encore plus célèbre en jouant le rôle de l'incroyable Hulk dans la série télévisée du même nom, diffusée de 1978 à 1982.

Son interprétation du personnage vert géant a laissé une marque indélébile dans l'histoire de la culture populaire.

En plus de son travail d'acteur, Ferrigno est également apparu dans plusieurs autres émissions de télévision et films, obtenant une reconnaissance internationale pour son talent d'acteur et sa présence à l'écran.

En dehors de sa carrière dans le divertissement, Ferrigno est un conférencier motivateur, partageant son expérience de surmonter les obstacles et de maintenir une forme physique optimale.

Raymond Mialon

Lou Ferrigno est également un grand partisan de la musculation naturelle et de l'entraînement pour la santé et la forme physique, et il a contribué à promouvoir ces valeurs tout au long de sa carrière.

Ainsi, Lou Ferrigno a laissé une marque durable en tant que bodybuilder et acteur, et il continue d'être une figure respectée dans le domaine du fitness et du divertissement.

Qu'en est-il de Franco Columbu ?

Né en Sardaigne, en Italie, en 1941, Franco Columbu a acquis une renommée internationale en tant que culturiste, remportant le titre de M. Univers en 1970 et 1971, et de M. Olympia en 1976.

En plus de sa carrière de culturiste, Columbu était un ami proche d'Arnold Schwarzenegger et les deux partageaient une passion commune pour la musculation et le fitness.

Leur amitié et leur partenariat ont été bien documentés dans le monde de la musculation.

Columbu était également un homme aux multiples talents, chiropraticien de profession, acteur de cinéma et même auteur.

Il a utilisé ses compétences chiropratiques pour aider d'autres bodybuilders et athlètes à surmonter leurs blessures et à améliorer leur condition physique.

Raymond Mialon

Sur grand écran, Columbu est apparu dans plusieurs films, notamment aux côtés de Schwarzenegger, ajoutant à sa notoriété en dehors du monde du culturisme.
En plus de sa carrière cinématographique, Columbu a également participé à la réalisation de vidéos éducatives sur la musculation et le fitness, partageant ses connaissances et son expérience avec un large public.

Ainsi, Franco Columbu a laissé un héritage durable en tant que bodybuilder, professionnel de la santé, acteur et éducateur dans le domaine du fitness et de la musculation. Sa passion pour le fitness et son dévouement à l'amélioration de soi continuent d'inspirer de nombreuses personnes à travers le monde.

Serge Nubret :

Serge Nubret était un bodybuilder français emblématique, né en 1938 et décédé en 2011.
Il était connu pour sa stature imposante, son physique symétrique et son esthétique, ainsi que pour sa présence charismatique sur scène.

Voici quelques faits clés à ce sujet :
Carrière en musculation :
Serge Nubret a eu une carrière remarquable en tant que bodybuilder, participant à de nombreuses compétitions internationales et remportant de nombreux titres, notamment en Europe et aux Etats-Unis.

Surnom:
Il a été surnommé la « Panthère noire » en raison de son physique impressionnant, de son élégance et de sa présence charismatique sur scène.
Influence:
Serge Nubret a eu une influence significative sur la musculation, tant par son physique impressionnant que par sa philosophie d'entraînement et son mode de vie sain.

Héritage:
Même après sa mort, Serge Nubret continue d'inspirer de nombreux bodybuilders à travers le monde, et son héritage se perpétue dans la communauté du bodybuilding.

Raymond Mialon

Serge Nubret restera à jamais une figure emblématique du bodybuilding français et un modèle pour de nombreux amateurs de bodybuilding à travers le monde.

J'en veux pour preuve, la fédération WABBA France, relancé par Jean-Louis Balat, bodybuilder et organisateur du non moins célèbre GP des Pyrénées, pour ne citer que celui-là. Ceci avec l'aide de Marie Ribeiro. Des vrais de vrais qui se donnent du mal pour notre sport. Respect pour eux.

Francis Benfatto :

Francis Benfatto est un bodybuilder français de renom, reconnu pour son physique impressionnant et son influence dans le domaine de la musculation.

Carrière distinguée :

Francis Benfatto a eu une carrière remarquable en tant que bodybuilder, participant à de nombreuses compétitions internationales et remportant plusieurs titres prestigieux.

Physique impressionnante :

Il est connu pour son physique symétrique, esthétique et harmonieux, ce qui lui a valu une grande admiration dans la communauté du culturisme.

Influence internationale :

Francis Benfatto a une influence significative sur le monde du bodybuilding, notamment en raison de sa présence sur la scène internationale et de son impact   sur de nombreux amateurs de bodybuilding en partout dans le monde.

Raymond Mialon

Engagement continu :

Même après la fin de sa carrière de compétiteur, Francis Benfatto est resté engagé dans le domaine de la musculation, partageant son expérience et ses connaissances avec d'autres passionnés.

Francis Benfatto continue d'être une référence dans le bodybuilding français et continue d'inspirer de nombreux amateurs de bodybuilding à travers le monde grâce à son influence, son physique remarquable et la leur engagement continu sur le terrain.

Thierry Pastel :

Thierry Pastel est un bodybuilder français de renom, connu pour son physique exceptionnel et sa carrière marquante dans le monde du bodybuilding.

Carrière en musculation :

Thierry Pastel a eu une carrière remarquable dans le culturisme, participant à de nombreuses compétitions nationales et internationales, où il a démontré son talent et sa détermination.

Physique impressionnante :

Il est connu pour son physique imposant, symétrique et esthétique, qui l'a fait connaître et reconnu pour les meilleures compétences du sport.

Raymond Mialon

Titres et récompenses :

Tout au long de sa carrière, Thierry Pastel a remporté plusieurs titres prestigieux, illustrant son excellence dans le domaine de la musculation.

Influence durable :
Thierry Pastel est un bodybuilder français de renom, connu pour son physique exceptionnel et sa carrière marquante dans le monde du bodybuilding.
Il est toujours cité en exemple pour sa gentillesse et son humilité.

Culturisme
De l'Antiquité à nos jours :

Origines anciennes

Les origines de la musculation remontent à l'Antiquité, où les Grecs et les Romains accordaient une grande importance à la forme physique et à la force physique. Les athlètes de l'Antiquité participaient à des compétitions de force et d'endurance, montrant le développement musculaire et la symétrie du corps.

Les premiers exemples de musculation en tant que pratique organisée remontent à la fin du XIXe siècle en Europe, avec des pionniers tels qu'Eugen Sandow, souvent considéré comme le père de la musculation moderne.

Développement moderne :

Tout au long du XXe siècle, le culturisme a gagné en popularité, en grande partie grâce à des légendes telles que Steve Reeves, Arnold Schwarzenegger, Lou Ferrigno, Franco Columbu et d'autres.

Ces bodybuilders ont contribué à élever la musculation au rang de discipline respectée et à attirer l'attention sur les avantages de la musculation et de la forme physique.

Les compétitions de culturisme, telles que le Mr. Olympia, ont gagné en notoriété et ont attiré un public international, contribuant ainsi à la reconnaissance mondiale du sport.

Impact culturel et social

La musculation a eu un impact significatif sur la culture populaire, influençant les normes de beauté et de remise en

Raymond Mialon

forme. Les bodybuilders sont devenus des icônes de force, de discipline et de détermination, inspirant des générations entières   à adopter un mode de vie sain et actif.

Sur le plan social, la musculation a contribué à démocratiser la musculation et le fitness, encourageant un nombre   croissant de personnes à s'entraîner et à adopter une alimentation saine. Cela a eu un impact positif sur la santé publique et le bien-être général.

Conclusion:

En conclusion, la musculation a parcouru un long chemin depuis les concours de force de l'Antiquité jusqu'à sa reconnaissance mondiale contemporaine.

Son impact culturel et social ne peut être sous-estimé, car il a façonné les normes de beauté, inspiré des millions de personnes à adopter des modes de vie sains et contribué à promouvoir la santé et le bien-être dans le monde entier.

Raymond Mialon

Les frères Weider :

Ben et Joe Weider, étaient des figures influentes dans le domaine de la musculation et du fitness.

Ben Weider :
Il est né le 1er février 1923 à Montréal, au Canada.
Il est décédé le 17 octobre 2008 à Montréal, au Canada.
Soldat canadien, auteur, historien, promoteur du conditionnement physique, mécène et homme d' affaires.
Co-fondateur de la Fédération Internationale de Bodybuilding et de Fitness (IFBB) aux côtés de son frère Joe Weider.
Ses parents s'appelaient Anna Weider et Louis Weider.
Il a fondé la Fédération Internationale de Fitness et de Bodybuilding.

Joe Weider :
Il est né le 29 novembre 1919 à Montréal, Québec, Canada.
Il est décédé le 23 mars 2013 à Los Angeles, Californie, États-Unis.
Bodybuilder et entrepreneur canadien.
Co-fondateur de la Fédération Internationale de Bodybuilding et de Fitness (IFBB) avec son frère Ben Weider.
Connu sous le surnom de « The Master Blaster ».
Créateur du concours Mr. Olympia et co-fondateur de l'IFBB.

Raymond Mialon

Les frères Weider ont joué un rôle important dans le développement et la popularisation de la musculation et du fitness à l' échelle mondiale.
Leur travail a contribué à la reconnaissance de ces disciplines comme sports légitimes et à la promotion d'un mode de vie sain et actif.

Bien qu'ils soient principalement connus pour leur contribution à ces domaines, ils ont également écrit plusieurs livres sur le sujet.
Quelques livres écrits par les frères Weider :

« Le développement   personnel selon les frères Weider : L'hétérosexualité masculine et l'histoire de   la musculation à Montréal » -
Ce livre explore le développement personnel selon les frères Weider, qui étaient deux garçons « insignifiants de 51 kg » qui étaient « J'en ai marre d'être constamment battue sur le chemin de l' école.
Ce livre se penche également sur l'histoire de la musculation à Montréal.

Visages de notre histoire :

Ce livre présente un portrait des frères Joseph (1919-2013) et Benjamin Weider (1923-2008).
Il explore son enfance à Montréal dans les années 1920 et 1930.

Raymond Mialon

« Ben Weider renforce l' histoire »

Ce livre, parle de Ben Weider et de son travail dans le domaine de la musculation.
Il mentionne également sa recherche des cheveux de Napoléon.
Ben était un fervent admirateur de l' Empereur.

Ces livres offrent un aperçu intéressant de la vie et de l'œuvre des frères Weider dans le domaine de la musculation et du fitness.

L'empire des frères Weider, Ben et Joe Weider, est principalement connu pour son influence dans l'industrie de la musculation et du   fitness.
            Voici quelques éléments clés de son empire :

Publications :

Les frères Weider ont fondé plusieurs magazines axés sur la musculation et le fitness, tels que « Muscle & Fitness », « Flex » et « Shape ».
Ces publications ont contribué à populariser la musculation et à partager des conseils sur la musculation, la nutrition et la santé.

Compétitions :

Ils ont également créé des compétitions emblématiques, comme la compétition de bodybuilding Mr. Olympia , qui est devenue l'un des événements les plus prestigieux dans le monde du bodybuilding professionnel.

Produits de remise en forme :

Les frères Weider ont également développé une gamme de produits de fitness, notamment des équipements d'entraînement, des suppléments nutritionnels et des programmes d'entraînement.

Fédération Internationale de Bodybuilding :

Ils ont participé à la création de la Fédération internationale de bodybuilding et de fitness (IFBB), qui a établi des normes pour les compétitions de bodybuilding à l'échelle mondiale.

L'empire des frères Weider a eu un impact significatif sur l'industrie du fitness et de la musculation, et leur influence continue de se faire sentir à ce jour.

Temps forts et grandes compétitions :

La création du Mr. Olympia en 1965 par Joe Weider marque un tournant majeur pour le bodybuilding.
Cette compétition a attiré l'attention du monde entier sur les athlètes de haut niveau et a contribué à élever le culturisme au statut de discipline sportive de premier plan.
M. Olympia a contribué à mettre en lumière des athlètes de culturisme exceptionnels, élevant le sport à un niveau de reconnaissance en fournissant une plate-forme pour l'élite du culturisme.
La culture du fitness a connu une croissance exponentielle depuis les années 1970, avec l'essor de salles de sport comme Gold's Gym à Venice Beach, qui est devenu un lieu pour les bodybuilders et les amateurs de fitness du monde entier.

Les mouvements sociaux liés à la musculation ont contribué à redéfinir les normes esthétiques, en mettant l'accent sur la force, la définition musculaire et la forme physique en tant qu' idéaux de beauté.
Cette évolution a influencé non seulement le domaine du fitness et de la musculation, mais aussi la culture populaire et les perceptions sociales du corps humain.
Un examen plus approfondi de ces éléments révèle l'impact profond et durable de la musculation sur la société, la culture populaire et la perception de l'esthétique corporelle au fil du temps.

Raymond Mialon

Comme nous le savons, la compétition Mister Olympia a été créée par les frères Joe et Ben Weider, qui étaient des figures influentes dans le domaine de la musculation et du fitness.

Création :

Le premier concours Mister Olympia a eu lieu en 1965 à Brooklyn, New York.

Les frères Weider ont lancé cet événement pour présenter les meilleurs bodybuilders masculins du monde et déterminer le champion ultime de bodybuilding.

Objectif:

L'objectif de la compétition était de créer une plate-forme permettant aux bodybuilders professionnels de s'affronter et de démontrer leur physique, leur force et leur conditionnement exceptionnels.

Évolution :

Au fil des années, la compétition Mister Olympia est devenue l'un des événements les plus prestigieux dans le monde du bodybuilding professionnel.

Il s'est transformé en un spectacle spectaculaire avec des athlètes incroyablement musclés et ciselés.

L'influence :

La compétition Mister Olympia a permis de populariser la musculation et de faire connaître ce sport au grand public.

Raymond Mialon

Elle a également joué un rôle clé dans la poursuite de la carrière de nombreux bodybuilders renommés, tels qu' Arnold Schwarzenegger, Lee Haney, Ronnie Coleman et Phil Heath.

Aujourd'hui, la compétition Mister Olympia continue d'être un événement majeur dans le monde de la musculation, attirant des athlètes de haut niveau du monde entier pour se disputer le titre de Mister Olympia.

Petit rappel :

Né en 1938 en Guadeloupe, Serge Nubret est le premier Français à participer au Mister Olympia.
Bien qu'il soit issu d' une famille aisée, il a réussi à devenir un bodybuilder de renom et a représenté la France dans cette prestigieuse compétition.

Raymond Mialon

Techniques et méthodes de formation :

Étudiez les différentes méthodes de musculation, y compris le volume d'entraînement, l'intensité, la fréquence, les techniques de surcharge progressive, la périodisation, les styles d'entraînement (tels que la dynamophilie, la musculation classique, le fitness fonctionnel, etc.).
Voici une exploration détaillée des différentes méthodes de musculation, mettant en évidence les principes clés, les styles d'entraînement et les techniques utilisées en musculation et en fitness :

Volume d'entraînement :
Le volume d'entraînement fait référence à la quantité totale de travail effectuée pendant une séance d'entraînement, y compris le nombre de séries et de répétitions pour chaque exercice.
Il peut être ajusté pour atteindre différents objectifs, tels que l'hypertrophie musculaire, la force ou l'endurance.

Intensité:
L'intensité fait référence à la charge relative soulevée pendant l'entraînement, souvent exprimée en pourcentage de la force maximale.
Différents niveaux d'intensité peuvent être utilisés pour atteindre des objectifs spécifiques, tels que la force maximale, l'hypertrophie ou la puissance.

Raymond Mialon

Fréquence:

La fréquence d'entraînement fait référence au nombre d'entraînements effectués par groupe musculaire ou mouvement spécifique sur une période donnée.

Cela peut varier en fonction des objectifs individuels, du niveau de forme physique et des capacités de récupération.

Supplément progressif :

La surcharge progressive implique une augmentation progressive de la charge d'entraînement au fil du temps pour stimuler l'adaptation musculaire continue.

Cela peut être fait en augmentant la résistance, le nombre de répétitions ou le volume total d'entraînement.

Périodisation:

La périodisation de l'entraînement consiste à organiser des séances d'entraînement par cycles, avec des phases de charge, de surcharge et de récupération planifiées pour maximiser la force, l'hypertrophie et les gains de performance.

Styles d'entraînement :

La dynamophilie se concentre sur l'augmentation de la force maximale grâce à des exercices de base tels que les soulevés de terre, les développés couchés et les squats.

La musculation   classique met l'accent sur   le développement musculaire esthétique, en mettant l'accent sur   la symétrie, la proportion et la définition musculaires.

Le fitness fonctionnel intègre des mouvements naturels et des exercices multi-articulaires pour améliorer la force, la mobilité et la capacité fonctionnelle globale.

En explorant ces différentes méthodes d'entraînement, il devient possible de personnaliser un programme de musculation en fonction des objectifs, des préférences et des capacités physiques de chacun, en tenant compte des fondamentaux de la musculation et de la performance physique.

Explorez les dernières avancées en matière de recherche sur la musculation, les programmes d'entraînement spécifiques pour différents groupes musculaires et les approches innovantes de la récupération et de la prévention des blessures.

Malheureusement, je ne peux pas accéder à des sources en temps réel pour les dernières avancées de la recherche en musculation, des programmes d'entraînement spécifiques pour différents groupes musculaires et des approches innovantes de récupération et de prévention des blessures. Cependant, je peux partager des approches générales et des tendances qui ont été observées dans la recherche et la pratique de la musculation et de la récupération :

Recherche sur la musculation :

Des études continuent d'explorer les effets de différents protocoles de musculation sur la force, l'hypertrophie musculaire et les performances athlétiques.

La recherche examine également l'impact de la variabilité individuelle, de la génétique et des facteurs environnementaux sur la réponse à l'entraînement en force.

Exemple :

Entraînement en résistance et entraînement par intervalles :
La musculation stimule la synthèse des protéines myofibrillaires, ce qui entraîne une hypertrophie musculaire et une augmentation de la force.

L'entraînement par intervalles, qui alterne des périodes d'effort intense et de récupération, peut également améliorer la capacité d'exercice et la santé d'un athlète.

Augmentation du volume d'entraînement :

Des études ont montré que l'augmentation du volume d'entraînement, en augmentant le nombre de séries hebdomadaires pour le même groupe musculaire, peut favoriser la force musculaire et l'hypertrophie.

Fréquence d'entraînement :

Certains bodybuilders entraînent chaque groupe musculaire 1 à 2 fois par semaine, ce qui peut favoriser l'hypertrophie musculaire.

La fréquence de l'entraînement peut varier en fonction des objectifs et de la capacité de récupération individuelle.

Raymond Mialon

Entraînement en force combiné et Résistance aérobie :

Des études ont montré que la combinaison de la force et de l'entraînement d'endurance aérobie peut avoir des effets bénéfiques sur différents facteurs de la capacité aérobie, tels que l'endurance et les performances athlétiques.

Il est important de noter que les effets de la musculation peuvent varier en fonction de la variabilité individuelle, de la génétique et des facteurs environnementaux.
Chaque personne peut réagir différemment à un protocole d'entraînement spécifique, il est donc essentiel de trouver celui qui correspond le mieux à vos besoins et à vos objectifs.

Programmes d'entraînement spécifiques pour différents groupes musculaires :

La recherche se penche sur des approches spécifiques pour cibler des groupes musculaires spécifiques, tels que les muscles stabilisateurs, les muscles abdominaux ou les muscles impliqués dans des mouvements spécifiques.
Des études évaluent l'efficacité de différents exercices, angles de mouvement et types de résistance pour un développement musculaire équilibré.

Exemple:

Approches spécifiques pour cibler des groupes musculaires spécifiques :

Programme de prise de masse musculaire :
Un guide complet des techniques, de la nutrition et de la récupération pour des gains musculaires optimaux.

Exercices de stabilisation du tronc :
Les planches sont un exercice classique pour améliorer la stabilité du tronc en engageant plusieurs groupes musculaires.
HIIT (High-Intensity Interval Training) pour le haut du corps : Le HIIT permet de cibler différents groupes musculaires, que ce soit avec des squats, des burpees ou des sprints.

Études évaluant l'efficacité de différents exercices, angles de mouvement et types de résistance :

Évaluation de l'efficacité d'un entraînement d'équilibre avec visualisation du centre de masse :
Cette étude examine les effets de différents types d'exercices d'équilibre et les raisons de leur efficacité.

Évaluation de l'efficacité d'un programme de formation combiné à une éducation nutritionnelle chez les adolescents :

Cette étude explore les différences d'efficacité en fonction des types d'exercices, de la durée, de la durée et de l'intensité appliqués.

Effets de la vitesse de mouvement et de l'angle articulaire sur les paramètres électrophysiologiques et biomécaniques lors du mouvement d'extension des membres inférieurs : Cette étude examine les effets de la vitesse de déplacement et de l'angle articulaire sur les paramètres électrophysiologiques et biomécaniques.

Il est important de noter que ces exemples sont fournis à titre informatif uniquement et qu'il est essentiel de consulter un professionnel de la santé ou un entraîneur qualifié pour obtenir des conseils personnalisés sur l'exercice et le développement musculaire équilibré.

Approches novatrices en matière de rétablissement et de prévention des blessures :

La recherche explore des méthodes de récupération avancées telles que la thérapie par compression, la cryothérapie, la récupération active et les techniques de régénération musculaire.

Des études examinent les stratégies de prévention des blessures, y compris l'optimisation des mouvements, la correction des déséquilibres musculaires et la prévention de la surcharge.

En ce qui concerne les méthodes de récupération avancées et les stratégies de prévention des blessures, voici des explications détaillées de certaines de ces techniques :

Thérapie par compression :

La thérapie par compression implique l'utilisation d'appareils spéciaux pour appliquer une pression externe sur les muscles.

Cela peut favoriser la circulation sanguine, réduire l'inflammation et aider à accélérer la récupération musculaire après votre entraînement.

Les vêtements de compression, les bottes de compression pneumatiques et d'autres dispositifs similaires sont couramment utilisés dans cette configuration.

Cryothérapie:

La cryothérapie consiste à exposer le corps à des températures extrêmement basses pendant une courte période.

Cela peut se faire sous forme de bains de glace, de chambres froides ou de compresses froides.

On pense que la cryothérapie réduit l'inflammation, soulage la douleur, favorise la récupération musculaire et améliore les performances sportives.

Récupération active :

La récupération active implique l'utilisation de techniques telles que la marche légère, le vélo à faible intensité , les étirements et d'autres formes d' activité physique douce pour favoriser la récupération musculaire.

Cette approche vise à stimuler la circulation sanguine, à éliminer les déchets métaboliques et à prévenir les raideurs musculaires après un entraînement intense.

Techniques de régénération musculaire :

Les techniques de régénération musculaire englobent un large éventail de méthodes visant à favoriser la récupération et la croissance musculaires.

Cela peut inclure l'utilisation de massages, de thérapies de libération myofasciale, de techniques de relaxation, d'une bonne hydratation et d'une nutrition ciblée pour soutenir la régénération des tissus musculaires.

Le traitement myofascial consiste à nettoyer la zone d'inconfort, ainsi que l'ensemble de la chaîne fasciale impliquée.

Raymond Mialon

Les muscles capables de s'adapter sont également détendus.
Le massage doit être confortable et rigoureux.
Chaque situation a son propre niveau de profondeur et son propre niveau de pression.

Optimisation du mouvement :

L'optimisation du mouvement implique l'analyse et l'amélioration de la biomécanique et de la technique d'exercice afin de minimiser les tensions inutiles sur les articulations et les muscles, de réduire le risque de blessure et de maximiser l'efficacité de l'entraînement.

Exemple:

Évaluation posturale et technique :

Une analyse approfondie de la posture et de la technique d'exécution des exercices peut aider à identifier les déséquilibres musculaires, les postures incorrectes et les erreurs de mouvement.
À l'aide d'outils tels que la vidéo ou l'observation directe, vous pouvez détecter les problèmes et les résoudre.

Renforcement des muscles stabilisateurs :

Les muscles stabilisateurs jouent un rôle clé dans le maintien de la stabilité des articulations pendant le mouvement.
En renforçant ces muscles, vous pouvez améliorer la stabilité globale et réduire les tensions inutiles sur vos articulations.

Raymond Mialon

Des exercices tels que des planches, des ponts et des exercices de stabilité d'un pied peuvent être utilisés pour cibler spécifiquement les muscles stabilisateurs.

Progression adaptée :

Une bonne progression est essentielle pour optimiser le mouvement.

Il est important de commencer par des exercices de base et de travailler correctement en termes de charge, de volume et de complexité.

Cela permet au corps de s'adapter progressivement et de développer une technique solide avant de passer à des mouvements plus avancés.

Correction des déséquilibres musculaires :

Les déséquilibres musculaires peuvent entraîner une tension inutile sur les articulations et les muscles.

Il est important d'identifier ces instabilités musculaires et de mettre en place un programme d'entraînement qui cible spécifiquement ces déséquilibres.

Cela peut inclure des exercices de renforcement pour les muscles faibles et des étirements pour les muscles tendus. Cette correction vise à identifier les faiblesses ou les perturbations de la force musculaire et à établir des programmes d'entraînement ciblés pour renforcer les muscles sous-développés et rétablir cet indispensable équilibre.

Utilisation des techniques de récupération :

La récupération est un élément essentiel de l'optimisation du mouvement.
Récupération et repos font partie intégrante de l'entrainement.

Comment?
Évaluation et analyse :

Une évaluation approfondie de la force musculaire et de la posture peut aider à identifier les déséquilibres musculaires. Cela peut être fait par un professionnel de la santé ou un entraîneur qualifié.
L'analyse peut inclure des tests de force, des mesures de la longueur musculaire et des évaluations posturales.

Exercices de renforcement sélectif :

Une fois les déséquilibres identifiés, des exercices de renforcement spécifiques peuvent être utilisés pour cibler les muscles sous-développés.
Par exemple, si les muscles de votre dos sont plus faibles que ceux de votre poitrine, des exercices tels que les tractions et l'aviron peuvent être utilisés pour renforcer votre dos.

Étirements et souplesse :

En plus du renforcement musculaire, des exercices d'étirement et d'étirement peuvent être utilisés pour améliorer la flexibilité des muscles tendus.

Raymond Mialon

Cela peut aider à rétablir l'équilibre musculaire, permettant aux muscles tendus de s'allonger et aux muscles faibles de se renforcer.

Progression adaptée :
Il est important de bien progresser dans les programmes d'entraînement pour corriger les déséquilibres musculaires. Commencez par des exercices de base et augmentez progressivement l'intensité et la complexité au fur et à mesure que les muscles se renforcent.

Technique d'exécution fixe :
Parfois, les déséquilibres musculaires peuvent être causés par une mauvaise technique dans l'exécution de l'exercice. En corrigeant la technique, les tensions inutiles sur les muscles et les articulations peuvent être réduites, ce qui aide à rétablir l'équilibre musculaire.

Il est important de noter que la correction des déséquilibres musculaires peut varier en fonction des besoins individuels. Il est recommandé de consulter un professionnel de la santé ou un formateur qualifié pour obtenir des conseils personnalisés et adaptés à votre situation.

Prévention des surcharges :

La prévention de la surcharge implique une bonne planification de l'entraînement, y compris des périodes de récupération appropriées, des techniques de progression progressive, une surveillance de la charge d'entraînement et une attention particulière à la fatigue et aux signes de surentraînement pour éviter les blessures liées à la surutilisation.

La prévention de la surcharge est essentielle pour éviter les blessures causées par une surutilisation pendant l'entraînement.

Une bonne planification de la formation :

Il est important de planifier votre programme d'entraînement de manière appropriée, en tenant compte de vos objectifs, de votre niveau de forme physique et de votre capacité de récupération.

Une bonne planification permet de bien répartir les séances d'entraînement et les périodes de repos.

Fixez-vous des objectifs réalistes et progressifs pour éviter de mettre trop de pression sur votre corps.

Structurez l'entraînement en phases, en alternant des périodes de haute intensité avec des périodes de récupération active ou de repos complet.

Variez les types d'exercices et les groupes musculaires utilisés pour éviter de surcharger une seule partie du corps.

Périodes de récupération adéquates :

Intégrez des périodes de récupération régulières dans votre programme d'entraînement.

Ces périodes de repos permettent à votre corps de récupérer et de se reconstruire, réduisant ainsi le risque de blessure due à une utilisation excessive.

Assurez-vous de prévoir des jours de repos complets et des séances d'entraînement plus légères pour permettre à votre corps de récupérer.

Prévoyez suffisamment de temps de repos entre les séances d'entraînement pour permettre au corps de récupérer et de se reconstruire.

Intégrez des jours de repos complets dans le programme d'entraînement pour éviter une fatigue excessive.

Utilisez des techniques de récupération telles que les étirements, les massages, les bains froids ou chauds pour favoriser la récupération musculaire.

Techniques de progression graduelle :

Évitez d'augmenter brusquement l'intensité ou la durée de vos entraînements.

Utilisez des techniques de progression graduelle pour permettre à votre corps de s'adapter doucement à de nouvelles charges de travail.

Par exemple, augmentez progressivement le poids soulevé pendant l'entraînement en force ou la distance parcourue en courant.

Augmentez progressivement l'intensité, la durée ou la charge d'entraînement au fil du temps.

Raymond Mialon

Respectez les principes de surcharge progressive, en augmentant progressivement la difficulté des exercices. Écoutez votre corps et ajustez votre entraînement pour détecter les signes de fatigue ou de surentraînement.

Surveillance de la charge d'entraînement :

Il est important de surveiller attentivement votre charge d'entraînement, c'est-à-dire la quantité de stress exercée sur votre corps pendant votre entraînement.
Utilisez des outils tels que les journaux d'entraînement ou les applications de suivi pour enregistrer et évaluer votre charge d'entraînement.
Cela vous permettra d'ajuster votre emploi du temps si nécessaire et d'éviter les surcharges.

Soyez à l'affût de la fatigue et des signes de surentraînement :

Soyez attentif aux signes de fatigue excessive, tels qu'une diminution des performances, une fatigue persistante, des douleurs musculaires sévères, des troubles du sommeil ou des sautes d'humeur.
Prenez des mesures pour réduire votre charge d'entraînement, augmenter les périodes de repos ou consultez un professionnel de la santé si vous vous surentraînez.

En suivant ces mesures préventives, vous pouvez réduire considérablement le risque de blessure due à une surutilisation pendant l'entraînement.

N'oubliez pas d'adapter votre programme d'entraînement en fonction de votre niveau de forme physique, de vos objectifs et de votre niveau d'expérience.

Ces approches sont largement étudiées et utilisées dans le domaine de la musculation, de la performance sportive et de la rééducation.

Il est important de noter que l'efficacité de ces techniques peut varier en fonction des individus et des contextes représentatifs, et qu'elles doivent être mises en œuvre de manière appropriée et sous la supervision de professionnels qualifiés.

Je ne le dirais jamais assez !

Les programmes d'entraînement typiques pour différents groupes musculaires ciblent avec précision les muscles stabilisateurs, les muscles abdominaux et les muscles impliqués dans des mouvements spécifiques.

Voici des explications détaillées de ces approches :

Stabilisation des muscles :

La stabilisation des muscles est essentielle au maintien de l'équilibre, de la posture et de la coordination pendant les exercices de musculation et les mouvements fonctionnels. Les programmes d'entraînement se concentrent sur le renforcement de ces muscles, tels que les muscles abdominaux, en stabilisant les muscles des épaules et des hanches, afin d'assurer une base solide et de prévenir les blessures.

Les exercices spécifiques pour stabiliser les muscles comprennent souvent des mouvements de base, des exercices de stabilité Swiss Ball, des exercices de rotation contrôlée, ainsi que des exercices de renforcement isométrique pour renforcer les muscles profonds du tronc.

Comment?

Planche:

Positionnez-vous en position de planche, en vous appuyant sur vos avant-bras et vos orteils. Maintenez la position en contractant vos muscles abdominaux et en gardant votre corps aligné.

Raymond Mialon

Planche latérale :

Allongez-vous sur le côté, en vous appuyant sur votre avant-bras et sur le côté de votre pied. Soulevez vos hanches du sol et maintenez la position en contractant vos muscles abdominaux latéraux.

Exercices de stabilité du ballon suisse :

Squat de balle suisse :

Placez le ballon suisse entre votre dos et un mur.
Mettez-vous en position accroupie, en gardant le ballon en contact avec votre dos.
Poussez vers le haut avec vos talons.

Ponts sur le ballon suisse :

Allongez-vous sur le dos, les pieds posés sur le ballon suisse. Soulevez vos hanches du sol en contractant vos fessiers et vos muscles abdominaux.
Maintenez la position pendant quelques secondes avant de descendre.

Exercices de rotation contrôlée :

Rotation du tronc à l'aide d'un élastique :
Attachez un élastique autour d'un point fixe et tenez l'autre extrémité avec les deux mains.
Faites pivoter votre torse en utilisant la résistance de l'élastique   pour contrôler le mouvement.

Raymond Mialon

Rotation de la hanche des quadrupèdes :

À quatre pattes, soulevez une jambe sur le côté, en gardant votre genou plié à 90 degrés.
Ramenez la jambe au centre, en contrôlant le mouvement.

Exercices de renforcement isométrique pour les muscles profonds :

Muscles du tronc :

Les muscles du tronc, y compris les abdominaux, les muscles obliques et les muscles du bas du dos, jouent un rôle crucial dans le maintien de la stabilité du corps et le transfert de la force entre le haut et le bas du corps.
Les programmes d'entraînement ciblent ces muscles pour améliorer la stabilité du tronc, la posture et les performances athlétiques.
Les exercices spécifiques aux muscles du tronc comprennent des redressements assis, des planches, des torsions russes, des levées de jambes suspendues, ainsi que des exercices de base dynamiques pour renforcer tous les muscles du tronc.
Muscles impliqués dans des mouvements spécifiques :
En fonction des objectifs spécifiques de l'entraînement, des études évaluent l'efficacité de différents exercices, angles de mouvement et types de résistance pour un développement musculaire équilibré.

Cela peut inclure des exercices de musculation traditionnels tels que des squats, des presses, des tractions, ainsi que des variations de ces mouvements pour cibler des muscles spécifiques.

Par exemple, pour cibler les quadriceps, des variantes de squat telles que le squat avant ou le squat bulgare peuvent être utilisées.
De même, pour cibler les ischio-jambiers, des exercices tels que le soulevé de terre roumain ou les flexions des ischio-jambiers sont couramment utilisés.

Ces approches spécifiques dans les programmes d'entraînement visent à assurer un développement musculaire équilibré, à renforcer les muscles stabilisateurs essentiels et à améliorer la fonctionnalité du corps dans les contextes sportifs et de la vie quotidienne.

Encore une fois:

Il est important de noter que la conception de ces programmes doit être adaptée aux besoins individuels, aux objectifs spécifiques et supervisée par des professionnels qualifiés.
Pour obtenir les dernières avancées dans ces domaines, je vous recommande de consulter des revues scientifiques spécialisées, des publications de chercheurs de renom, des sites web de professionnels de la santé et du fitness, ainsi que des conférences et événements dans le domaine de la musculation et de la performance physique.

Musculation féminine :

Les débuts de la musculation féminine ont été marqués par une évolution importante au fil du temps.

Initialement, la musculation était principalement associée aux hommes, mais au cours des dernières décennies, les femmes ont gagné en visibilité et en reconnaissance dans ce domaine.

En France, certaines athlètes féminines ont contribué à l'émergence du bodybuilding féminin, tandis que des personnalités internationales ont également joué un rôle important dans cette évolution.

Athlètes françaises :

Dominique Dardé, Marianne Guntzburger, Gloria Bouvier, : athlètes françaises de renom dans le domaine de la musculation féminine, elles ont contribué, avec beaucoup d'autres, à populariser ce sport en France.

Elles ont fait preuve d'une détermination exceptionnelle et ont inspiré de nombreuses femmes à s'impliquer dans la musculation.

Athlètes mondiaux :

Lisa Lyon : Considérée comme l'une des pionnières du bodybuilding féminin, Lisa Lyon, originaire des États-Unis, a marqué le début de la discipline.

Elle a été la première femme à remporter le titre de Ms. Olympia en 1979, contribuant ainsi à élever le statut du culturisme féminin dans le monde.

Raymond Mialon

Rachel McLish : Une autre figure emblématique du culturisme féminin, Rachel McLish, également originaire des États-Unis, a joué un rôle majeur dans l'essor de ce sport. En remportant le titre de Ms. Olympia en 1980, elle a contribué à faire connaître le culturisme féminin à un public plus large.

Ces athlètes, tant françaises qu'internationales, ont ouvert la voie à la reconnaissance et à la légitimation du bodybuilding féminin, contribuant à son évolution et à sa popularité grandissante à travers le monde entier.

En général, les principes de base de l'entraînement en musculation restent les mêmes pour les hommes et les femmes, car les objectifs principaux sont souvent similaires, comme le renforcement définition musculaire , définition musculaire et amélioration de la composition corporelle.

Cependant, il peut y avoir des différences dans les approches de formation en fonction des objectifs spécifiques de chaque individu.

Voici quelques éléments à prendre en compte :

Objectifs spécifiques :

Les femmes et les hommes peuvent avoir des objectifs différents en termes de développement et de définition musculaire.
Les femmes ont parfois tendance à viser une musculature plus fine et plus définie, tandis que les hommes peuvent viser à développer une musculature plus complète.

Volume et intensité :
Les programmes d'entraînement de musculation peuvent être adaptés en fonction des différences physiologiques.
Par exemple, les hommes ont généralement une masse musculaire et une force de départ plus importantes, ce qui peut influencer le volume et l'intensité de leur entraînement par rapport aux femmes.

Zone de concentration :
Parfois, les femmes peuvent se concentrer davantage sur certaines parties du corps, telles que les fessiers, les cuisses et les bras, tandis que les hommes peuvent se concentrer sur des zones telles que le torse et les épaules. Ces différences de concentration peuvent influencer le choix des exercices et des volumes pour chaque groupe musculaire.

Raymond Mialon

Approche nutritionnelle :

Les besoins nutritionnels peuvent varier en fonction des différences physiologiques entre les hommes et les femmes. En conséquence, les approches nutritionnelles peuvent être adaptées pour répondre aux besoins individuels de renforcement musculaire et de récupération.

Malgré ces nuances, il est important de souligner que la plupart des principes d'entraînement de musculation restent applicables aussi bien aux hommes qu'aux femmes. Chacun peut adapter son programme en fonction de ses objectifs, de son niveau de forme physique et de ses préférences personnelles.

Il est essentiel d'adapter votre programme d'entraînement en fonction de différents facteurs tels que les objectifs personnels, le niveau de forme physique et les préférences individuelles. Voici quelques éléments à prendre en compte lors de l'élaboration d'un programme de formation :

Objectifs personnels :

Qu'il s'agisse de perte de poids, de renforcement musculaire, d'amélioration de l'endurance ou de tout autre objectif spécifique, il est important d'adapter votre programme à vos objectifs.

Niveau de forme physique :

Les personnes ayant des niveaux de forme physique différents ont besoin de programmes sur mesure.

Raymond Mialon

Les débutants peuvent commencer par des exercices de base et progresser progressivement, tandis que les athlètes expérimentés peuvent viser des entraînements plus avancés.

Préférences personnelles :

Certaines personnes préfèrent l'exercice aérobique, tandis que d'autres ont recours à la musculation. Adapter votre programme à vos préférences personnelles peut vous aider à garder votre entraînement motivé et agréable.

En tenant compte de ces facteurs, il est possible de concevoir un programme de formation efficace, sécuritaire et adapté à ses besoins spécifiques.

Voici des informations sur la nutrition pour la musculation :

Besoins en macronutriments :

Protéine:
Les protéines sont essentielles à la construction et à la réparation des muscles.
Les culturistes ont généralement besoin d'une plus grande quantité de protéines que la population générale.
Il est souvent recommandé de consommer 1,2 à 2,2 grammes de protéines par kilogramme de poids corporel par jour.

Glucides:
Les glucides fournissent de l'énergie pour les entraînements intenses. Il est recommandé de consommer des sources complexes de glucides, telles que les grains entiers, les légumes et les fruits.

Lipide:
Les lipides sont importants pour la santé hormonale et le fonctionnement cellulaire.
Il est recommandé de consommer des graisses saines telles que l'avocat, les noix, les graines et les huiles végétales.

Raymond Mialon

Compléments alimentaires souvent utilisés :

Poudres protéinées :

Les poudres de protéines, telles que les protéines de lactosérum, sont souvent utilisées par les bodybuilders pour augmenter leur apport en protéines.

Les BCAA :

Les acides aminés à chaîne ramifiée (BCAA) sont utilisés pour favoriser la récupération musculaire et réduire la dégradation musculaire.

Créatine:

La créatine est un supplément populaire qui peut améliorer la force et les performances lors d'entraînements intenses.

Oméga 3 :

Les suppléments d'oméga-3, tels que l'huile de poisson, peuvent aider à réduire l'inflammation et à promouvoir la santé globale.

Régimes populaires
Chez les bodybuilders :

Régime hyperprotéiné :

Ce régime met l'accent sur un apport élevé en protéines pour favoriser la croissance musculaire.

Régime hypocalorique :

Ce régime vise à réduire l'apport calorique pour favoriser la perte de poids et la définition musculaire.

Régime cyclique de glucides :

Ce régime consiste à faire varier l'apport en glucides en fonction des besoins d'entraînement, en consommant plus de glucides les jours d'entraînement intenses et moins les jours de repos.

Stratégies de gestion du poids et de la composition corporelle :

Contrôle des calories :
Il est important de surveiller l'apport calorique pour maintenir le poids et la composition corporelle souhaités.

Répartition des macronutriments :
Une bonne répartition des protéines, des glucides et des graisses dans l'alimentation peut aider à atteindre les objectifs de composition corporelle.

Musculation :
La musculation est essentielle pour développer et maintenir la masse musculaire.

Suivi des progrès :
Il est important de suivre les progrès en termes de poids, de pourcentage de graisse corporelle et de force afin d'ajuster les stratégies de gestion du poids.

Les culturistes féminines qui se préparent pour des compétitions suivent généralement des principes similaires en matière de nutrition, mais elles peuvent adapter certains aspects en fonction de leurs besoins spécifiques. Voici quelques éléments à prendre en compte pour les bodybuilders féminins qui se préparent pour les compétitions :

Raymond Mialon

Besoins en macronutriments :

Protéines :

Les culturistes féminines ont également besoin d'un apport adéquat en protéines pour la construction musculaire et la récupération.

Cependant, les besoins en protéines peuvent varier en fonction du poids corporel et de la composition corporelle.

Glucides :

Tout comme les hommes, les culturistes ont besoin de glucides pour l'énergie, mais la quantité peut varier en fonction du métabolisme et des niveaux d'activité.

Lipide:

Les graisses sont importantes pour la santé hormonale, qui joue un rôle crucial chez les femmes, et elles doivent s'assurer d'inclure des sources saines de graisses dans leur alimentation.

Compléments alimentaires souvent utilisés :

Les compléments alimentaires couramment utilisés, tels que la poudre de protéines, les BCAA, la créatine et les oméga-3, peuvent également être bénéfiques pour les culturistes. Cependant, les dosages et les besoins individuels peuvent varier.

Régimes populaires parmi les bodybuildeuses :

Les régimes riches en protéines, faibles en calories et en glucides cycliques peuvent également être utilisés par les culturistes, en fonction de leurs objectifs de compétition et de leur composition corporelle.

Stratégies de gestion du poids et de la composition corporelle :

Les culturistes féminines peuvent également utiliser des stratégies telles que le contrôle des calories, la distribution des macronutriments et la musculation pour gérer leur poids et leur composition corporelle.

Il est important de noter que les femmes peuvent avoir des besoins nutritionnels spécifiques en fonction de leur cycle menstruel, de leur grossesse ou de leur allaitement, et ces facteurs doivent être pris en compte lors de la préparation d'une compétition.

Cycle menstruel :

Pendant le cycle menstruel, les fluctuations hormonales peuvent affecter l'appétit, l'énergie et la rétention d'eau chez les femmes.

Certaines athlètes peuvent avoir des besoins nutritionnels différents à différents stades de leur cycle menstruel.

Il est important de surveiller et d'adapter le régime alimentaire en conséquence pour répondre à ces besoins changeants.

Grossesse:

Pour les culturistes enceintes, la nutrition est particulièrement importante pour soutenir la santé maternelle et le développement du fœtus.

Pendant la grossesse, les besoins en calories, en protéines, en acides gras essentiels, en vitamines et en minéraux peuvent être augmentés.

Il est essentiel de travailler en étroite collaboration avec les professionnels de la santé pour élaborer un plan nutritionnel adapté à la grossesse tout en maintenant un niveau d'activité physique approprié.

Allaitement:

L'allaitement peut également influencer les besoins nutritionnels des culturistes.

Pendant l'allaitement, les besoins en calories, en protéines, en vitamines et en minéraux peuvent être augmentés pour soutenir la production de lait maternel et répondre à des besoins énergétiques accrus.

Il est crucial pour les culturistes féminines qui se préparent pour une compétition et qui sont confrontées à ces situations spécifiques de travailler avec des professionnels de la nutrition et de la santé pour adapter leur plan de nutrition et leur programme d'entraînement à leurs besoins individuels.

En tenant compte de ces facteurs spécifiques, les athlètes peuvent s'assurer qu'ils obtiennent les nutriments dont ils ont besoin pour soutenir leur santé, leur bien-être et leurs performances tout au long de ces différentes étapes de la vie.

En résumé, bien que de nombreux principes de nutrition et de préparation au fitness soient similaires pour les bodybuilders masculins et féminins, il est essentiel de reconnaître que les besoins individuels peuvent varier.

Encore une fois, considérez ce qui suit :

Il est recommandé aux femmes qui se préparent pour les compétitions de travailler en étroite collaboration avec les professionnels de la nutrition et du conditionnement physique afin d'élaborer des plans adaptés à leurs besoins spécifiques.

Méfiez-vous des gourous, des coachs de pacotilles ainsi que de ces influenceurs qui ne connaisse rien à la musculation et encore moins aux athlète de compétition.

La psychologie de la musculation :

La psychologie de la musculation explore les aspects mentaux et émotionnels du sport.
Voici une explication claire des différents éléments psychologiques de la musculation :

Motivation intrinsèque et extrinsèque :

La motivation intrinsèque est le moteur interne qui pousse les bodybuilders à s'entraîner et à atteindre leurs objectifs. Il est basé sur le plaisir et l'intérêt personnel pour le sport.
La motivation extrinsèque, quant à elle, provient de facteurs externes tels que les récompenses, les compétitions ou la reconnaissance sociale.

Gestion du stress :

La musculation peut être un sport exigeant physiquement et mentalement.
La gestion du stress est essentielle pour maintenir l'équilibre émotionnel et éviter l'épuisement professionnel. Des techniques telles que la respiration profonde, la méditation et la planification de la gestion du temps peuvent aider les bodybuilders à faire face au stress.

La gestion du stress est cruciale pour les bodybuilders, car elle peut avoir un impact significatif sur leur bien-être émotionnel et leurs performances globales.
Voici quelques techniques qui peuvent aider les bodybuilders à faire face au stress :

Raymond Mialon

Respiration profonde :

La respiration profonde peut aider à réduire le stress en activant le système nerveux parasympathique, ce qui favorise la relaxation.

Encourager une respiration lente et profonde peut être bénéfique pour réduire le stress avant, pendant et après votre entraînement.

La respiration profonde peut être pratiquée de différentes manières pour aider à réduire le stress avant, pendant et après l'entraînement.

Voici un exemple de technique de respiration profonde qui peut être bénéfique :

Exercice de respiration abdominale :

Trouvez un endroit calme où vous pouvez vous asseoir confortablement ou vous allonger.

Placez une main sur votre abdomen, juste en dessous de vos côtes, et l'autre main sur votre poitrine.

Commencez par inspirer lentement par le nez, en vous concentrant sur le gonflement de votre abdomen afin que votre main sur votre abdomen se soulève tandis que votre main sur la poitrine reste relativement immobile.

Expirez lentement par la bouche, en contractant doucement vos muscles abdominaux pour vider complètement vos poumons.

Répétez ce processus pendant quelques minutes, en vous concentrant sur une respiration lente et régulière.

En pratiquant régulièrement cette technique de respiration profonde, avant, pendant ou après l'entraînement, les bodybuilders peuvent favoriser la relaxation, réduire les niveaux de stress et améliorer leur capacité à gérer les exigences physiques et mentales de leur entraînement.

Méditation:

La méditation est une pratique qui peut aider à calmer l'esprit, à réduire l'anxiété et à améliorer la concentration. Les bodybuilders peuvent intégrer des séances de méditation dans leur routine quotidienne pour cultiver la clarté mentale et gérer le stress.

La méditation offre de nombreux avantages pour les bodybuilders, les aidant à gérer le stress, à cultiver la clarté mentale et à améliorer la concentration.

Voici comment les bodybuilders peuvent intégrer des séances de méditation dans leur routine quotidienne :

Début de la journée :

Les bodybuilders peuvent commencer la journée par une brève séance de méditation pour se préparer mentalement au prochain jour d'entraînement.

En se concentrant sur leur respiration et en pratiquant la pleine conscience, ils peuvent cultiver un état d'esprit calme et centré.

Raymond Mialon

En se concentrant sur   la respiration et en pratiquant la pleine conscience, les bodybuilders peuvent cultiver un état d'esprit calme et centré.

Trouvez un endroit calme :

Trouvez un endroit calme où vous pouvez vous asseoir confortablement sans être dérangé.

Position confortable :

Asseyez-vous dans une position confortable, la colonne vertébrale droite mais détendue, les épaules détendues.

Concentrez-vous sur la respiration :

Observez le mouvement de l'air entrant et sortant de votre nez ou de votre bouche.

Respiration consciente :

Respirez lentement et profondément. Sentez l'air entrer et sortir de vos poumons.
Soyez conscient du flux d'air constant à chaque inspiration et expiration.

Réception des pensées :

Lorsque des pensées surgissent, reconnaissez-les simplement et doucement, puis ramenez votre attention sur votre respiration.
En pratiquant cette forme de méditation de pleine conscience axée sur la respiration, les bodybuilders peuvent cultiver un état d'esprit calme et centré, renforcer leur pleine conscience et améliorer leur capacité à gérer le stress.

Raymond Mialon

Pré-entraînement :

Avant une séance d'entraînement intense, une brève méditation peut aider les bodybuilders à se concentrer sur leurs objectifs, à visualiser leurs performances et à se préparer mentalement à l'effort physique à venir.

Récupération post-entraînement :

Après votre séance d'entraînement, une méditation de récupération peut favoriser la relaxation, aider à réduire les tensions musculaires et calmer l'esprit, ce qui contribue à une meilleure récupération physique et mentale.

Trouvez un endroit calme :

Après l'entraînement, trouvez un endroit calme où vous pourrez vous allonger confortablement.

Position confortable :

Allongez-vous sur le dos, les bras le long du corps, les jambes légèrement écartées. Fermez doucement les yeux.

Relaxation musculaire :

Commencez par vous concentrer sur votre respiration. Ensuite, portez votre attention sur chaque partie de votre corps, en commençant par vos pieds et en remontant progressivement jusqu'à votre tête.
À chaque expiration, relâchez consciemment toute tension musculaire que vous pourriez ressentir.

Raymond Mialon

Visualisation apaisante :

Visualisez mentalement un paysage ou un environnement qui vous calme, comme une plage ensoleillée ou un jardin tranquille. Immergez-vous dans cette visualisation, en vous concentrant sur les détails et les sensations apaisantes.

Affirmations positives :

Intégrez des affirmations positives dans votre méditation, telles que « Je suis reconnaissant pour ma force et ma santé » ou « Je me rétablis et je rajeunis ».

En pratiquant cette méditation de récupération, les bodybuilders peuvent favoriser la relaxation, soulager les tensions musculaires accumulées pendant l'entraînement et calmer l'esprit, ce qui contribue à une meilleure récupération physique et mentale.

En intégrant la méditation dans leur routine quotidienne, les culturistes peuvent développer des compétences de gestion du stress, améliorer leur capacité à se concentrer sur leurs objectifs d'entraînement et cultiver une clarté mentale bénéfique pour leur bien-être général et leurs performances sportives.

Gestion du temps :

Planifier efficacement votre temps peut réduire le stress lié à l'organisation des séances d'entraînement, des repas et du repos. Une bonne gestion du temps aide à créer un équilibre entre l'entraînement, la récupération et d'autres engagements personnels, ce qui contribue à réduire le stress général.

Une bonne gestion du temps peut réduire le stress lié à l'organisation des séances d'entraînement, des repas et du repos pour les culturistes.
Voici un exemple de planification efficace du temps pour équilibrer l'entraînement, la récupération et d'autres engagements personnels :

Établissez un calendrier :

Créez un horaire hebdomadaire qui comprend des heures d'entraînement, de préparation des repas, de repos et d'autres activités importantes. Utilisez un calendrier ou une application de planification pour afficher votre emploi du temps.

Prioriser la formation :

Identifiez les meilleurs moments pour vos séances d'entraînement en fonction de votre énergie et de votre disponibilité.
Bloquez ces moments dans votre calendrier et traitez-les comme des rendez-vous importants.

Raymond Mialon

Plan de redressement :

Concentrez-vous à la fois sur la récupération et l'entraînement. Incluez des périodes de repos actif, d'étirement et éventuellement des séances de méditation ou de relaxation dans votre emploi du temps.

Planification des repas :

Consacrez du temps à la planification et à la préparation de repas sains et équilibrés.
Bloquez du temps pour faire les courses et cuisiner, en tenant compte de vos besoins nutritionnels spécifiques en tant que bodybuilder.

Flexibilité:

Soyez flexible et prêt à ajuster votre emploi du temps pour les imprévus, en vous assurant de maintenir un équilibre global entre l'entraînement, la récupération et d'autres engagements.

En planifiant efficacement leur temps, les culturistes peuvent créer un équilibre entre l'entraînement, la récupération et d'autres engagements personnels, ce qui aide à réduire le stress global lié à la gestion de leur mode de vie actif.
En incorporant ces techniques de gestion du stress dans leur routine, les culturistes peuvent améliorer leur capacité à gérer les pressions d'un entraînement intensif et à maintenir un équilibre émotionnel sain.

Raymond Mialon

Confiance en soi:

La confiance en soi est cruciale en musculation, car elle permet aux athlètes de croire en leurs capacités et de surmonter les obstacles.

Une bonne estime de soi et la reconnaissance des progrès sont des éléments clés pour renforcer la confiance en soi.

Perception de l'image corporelle :

La musculation est étroitement liée à la perception de l' image corporelle.

Les culturistes peuvent développer une perception déformée de leur corps, connue sous le nom   de dysmorphie musculaire.

Cultiver une image corporelle positive et réaliste est important pour maintenir une santé mentale équilibrée.

Éducation et sensibilisation :

Apprenez et comprenez que les normes de beauté et de forme physique véhiculées par les médias et la société ne reflètent pas nécessairement la réalité.

Il est important de se rappeler que la diversité des formes et des tailles est naturelle et belle.

Mettre l'accent sur la santé et le bien-être :

Concentrez-vous sur la santé, la force et le bien-être en général plutôt que sur la perfection physique. Apprenez à apprécier votre corps pour sa force, sa résilience et sa capacité à s'adapter à l'entraînement.

Raymond Mialon

Évitez les comparaisons préjudiciables :

Évitez de vous comparer constamment à d'autres bodybuilders ou à des images idéalisées.
Concentrez-vous sur vos progrès et vos objectifs personnels, plutôt que sur des normes irréalistes.

Pratiquez l'autocompassion :

Cultivez l'autocompassion en étant gentil avec vous-même, en reconnaissant vos propres défis et en vous traitant avec gentillesse, surtout lorsque vous éprouvez des difficultés ou de l'insatisfaction à l'égard de votre apparence physique.

Demandez l'aide d'un professionnel :

Si vous avez des problèmes d'image corporelle, il peut être avantageux de consulter un professionnel de la santé mentale, comme un psychologue ou un thérapeute, pour obtenir un soutien et des conseils personnalisés.
En mettant ces principes en pratique et en adoptant une approche positive et réaliste de leur image corporelle, les culturistes peuvent maintenir une santé mentale équilibrée et une perception saine de leur propre corps.

Défis mentaux associés à la compétition :

La compétition de musculation peut être exigeante mentalement. Les bodybuilders doivent faire face à la pression de la performance, par rapport aux autres concurrents, et gérer les attentes.
La résilience mentale, la concentration et la capacité à gérer la pression sont toutes des compétences essentielles pour réussir en compétition.

Raymond Mialon

Comment?

Voici quelques conseils pour cultiver ces compétences :

Développer la résilience mentale :

La résilience mentale est la capacité à faire face aux difficultés, à rebondir après les échecs et à rester motivé malgré les obstacles.

Pour développer cette compétence, vous pouvez :

Cultivez une attitude positive en vous concentrant sur vos progrès et en apprenant de vos erreurs.

Fixez-vous des objectifs réalistes et réalisables et travaillez régulièrement pour les atteindre.

Renforcez votre confiance en vous en vous entourant de personnes positives et en vous entourant de mentors ou de coachs qui pourront vous soutenir sans vous mentir.

Concentrez-vous sur le processus plutôt que sur le résultat final.

En vous concentrant sur chaque étape de votre préparation et de votre performance, vous pouvez relâcher la pression et rester concentré sur le moment présent.

En développant ces compétences, les bodybuilders peuvent améliorer leurs performances, gérer la pression et atteindre leurs objectifs en compétition de musculation.

Discipline nécessaire pour maintenir un mode de vie axé sur la forme physique :

La musculation nécessite une discipline stricte pour maintenir un mode de vie axé sur la forme physique .
Cela implique de suivre un régime strict, de s'entraîner régulièrement et de s'en tenir à un programme d'entraînement.
La discipline est essentielle pour atteindre les objectifs de remise en forme et de musculation.
Il est important de noter que chaque individu peut avoir une expérience différente de la psychologie de la musculation.
Les exemples concrets et les expériences personnelles peuvent varier d'une personne à l'autre.
Voici une description des fondamentaux de la musculation :

La musculation est basée sur l'entraînement en résistance, dans le but de développer la force, la masse musculaire et la définition.
Cela implique généralement l'utilisation de poids libres, d'appareils de musculation et d'exercices de poids corporel.
Les principes clés de la musculation comprennent une progression progressive (augmentation de la charge au fil du temps), la diversification des exercices pour cibler différents groupes musculaires et l'importance d'une technique correcte pour éviter les blessures.

Progression progressive :

Commencez avec des poids adaptés à votre niveau de force actuel.

Augmentez progressivement la charge au fil du temps pour stimuler la croissance musculaire.

Par exemple, si vous commencez à soulever 20 kg dans un exercice de développé couché, vous pouvez viser à atteindre 25 kg dans les prochaines semaines.

Diversification des exercices :

Entraînez tous les groupes musculaires de manière équilibrée en incorporant une variété d'exercices.

Par exemple, pour les muscles du haut du corps, incluez des exercices tels que des développés couchés, des tractions, des dips, et pour les jambes, des squats, des fentes et des soulevés de terre.

Technique correcte :

Portez une attention particulière à la technique pour chaque exercice afin de minimiser le risque de blessure. Par exemple, lors d'un squat, assurez-vous que vos genoux ne dépassent pas vos orteils et gardez le dos droit pour éviter les tensions inutiles.

Planification de la formation :

Élaborez un programme d'entraînement qui cible différents groupes musculaires et comprend des périodes de récupération appropriées pour chaque groupe.

Par exemple, programmez des séances d'entraînement pour le haut et le bas du corps, en alternance avec des jours de repos ou de récupération active.

En mettant ces principes en pratique, les bodybuilders peuvent structurer efficacement leur entraînement en résistance, favorisant la croissance musculaire tout en réduisant le risque de blessure.

Récupération:

La récupération est essentielle pour permettre aux muscles de se reconstruire et de se renforcer après un entraînement intense.
Cela comprend un repos adéquat, un sommeil de qualité, une gestion du stress et des stratégies de récupération active telles que les étirements, la massothérapie et la cryothérapie.
La récupération n'est pas une perte de temps, bien au contraire.
La récupération fait partie intégrante d'un bon entraînement.

Petit récapitulatif important sur le sujet : Stratégies de rétablissement avec exemples et durées recommandées :

Prévoyez des jours de repos complets pour certains groupes musculaires entre les séances d'entraînement en résistance.

Durée : En moyenne, un à deux jours de repos par semaine peuvent être bénéfiques pour favoriser la récupération musculaire.

Sommeil de qualité :

Exemple:

Assurez-vous de dormir suffisamment chaque nuit, en visant 7 à 9 heures de sommeil ininterrompu.
La qualité du sommeil est cruciale pour la récupération, il est recommandé de maintenir une bonne routine de sommeil au quotidien.

Gestion du stress :

Exemple:

Pratiquez des techniques de gestion du stress telles que la méditation, la respiration profonde, le yoga ou la visualisation pour favoriser un état d'esprit détendu.

Durée:
Quelques minutes de pratique quotidienne peuvent aider à réduire le stress et favoriser la récupération.

Raymond Mialon

Étirements:

Exemple:

Effectuez des étirements après l'entraînement pour améliorer la flexibilité et réduire les tensions musculaires.

Durée:

Environ 10 à 15 minutes d'étirement post-entraînement peuvent être bénéfiques.

Massothérapie:

Exemple:

Bénéficiez d'un massage ciblé pour relâcher les tensions musculaires et favoriser la circulation sanguine.

Durée:

Les séances de massage peuvent varier en durée, mais en général, 30 à 60 minutes sont courantes.

Cryothérapie:

Exemple:

Prenez des douches froides ou utilisez des appareils de cryothérapie pour réduire l'inflammation et favoriser la récupération musculaire.

Durée:

Des séances de 5 à 10 minutes sont généralement recommandées pour bénéficier des effets de la cryothérapie. Comme mentionné ci-dessus, en combinant ces stratégies de récupération dans leur routine, les bodybuilders peuvent favoriser une récupération optimale, minimiser le risque de blessure et optimiser leurs performances lors des entraînements ultérieurs.

Raymond Mialon

Importance de la visualisation :

La visualisation est une technique puissante utilisée en musculation et dans d'autres sports, pour améliorer les performances, augmenter la concentration et promouvoir la confiance en soi.
Il s'agit de créer des images mentales détaillées de scénarios spécifiques liés à l'entraînement, à la compétition ou à la réalisation d'objectifs.

Visualisation en musculation :

La visualisation est un outil mental utilisé par de nombreux bodybuilders pour renforcer leur connexion corps-esprit et maximiser leurs résultats.
Cette technique est basée sur la capacité à créer des images mentales claires et vivantes (vives, vives) de séances d'entraînement, d'exercices spécifiques, de l'atteinte d'objectifs physiques et même de compétitions.

Processus de visualisation :

Préparation:
Avant de commencer à regarder, il est important de trouver un endroit calme et de se détendre pour se concentrer pleinement.

Vue détaillée :

Au cours de la séance de visualisation, le bodybuilder crée une image mentale détaillée de son entraînement ou de son objectif.

Cela peut inclure la sensation de poids, la contraction musculaire, la posture, la respiration et même l'humeur de la salle de sport.

Engagement sensoriel :

Il est essentiel d'engager tous les sens dans la visualisation.

Par exemple, sentir la chaleur des poids, écouter de la musique d'entraînement et regarder vos muscles se contracter pendant l'exercice.

Émotion et réussite :

La visualisation comprend également l'aspect émotionnel, en mettant l'accent sur la satisfaction de l'effort, la confiance en soi et l'atteinte des objectifs.

Exemples concrets de visualisation en musculation :

Formations spécifiques :

Avant une séance d'entraînement, un bodybuilder peut se visualiser en train d'effectuer ses exercices en parfaite forme, de sentir chaque répétition et de visualiser les muscles qui se renforcent.

Atteinte des objectifs :

Un bodybuilder peut se visualiser en train d'atteindre un certain niveau de définition musculaire en créant une image mentale détaillée de son corps dans cet état, en se concentrant sur chaque détail musculaire qu'il souhaite développer.

Raymond Mialon

Compétition:

Avant une compétition, un bodybuilder peut se visualiser sur scène, exécuter ses poses avec confiance, ressentir la réaction positive du public et visualiser le sentiment de victoire.

Motivation et dépassement :

La visualisation peut également être utilisée pour vous motiver lors de situations difficiles en vous imaginant en train de surmonter des obstacles et de ressentir le sentiment de force intérieure.

Préparation mentale :

La préparation mentale est un aspect souvent négligé mais crucial de la musculation.

Il englobe la motivation, la concentration, la visualisation des objectifs, la gestion du stress et la résilience aux défis physiques et mentaux de la musculation.

Les techniques de relaxation, la méditation, la visualisation et la gestion des pensées négatives peuvent être utilisées pour renforcer la préparation mentale des bodybuilders En s'engageant régulièrement dans la visualisation, les bodybuilders peuvent renforcer leur esprit et leur physique, améliorer leur concentration, renforcer leur confiance et créer une connexion profonde entre leur esprit et leur corps, ce qui peut avoir un impact significatif sur leurs performances au gymnase et en compétition.

Mesdames, il en va de même pour vous.

En fait, il ne faut pas imaginer qu'il y a une différence entre les athlètes féminins et masculins.
Même en termes de dosages, l'adaptation se fait au cas par cas et non par rapport au sexe, que ce soit en entraînement, de repos ou de supplémentation.
N'oubliez pas de faire confiance aux vrais professionnels et non aux gourous.

Nutrition:

La nutrition joue un rôle crucial dans la musculation, fournissant les nutriments nécessaires à la croissance musculaire, à la récupération et à la performance.
Cela comprend un apport adéquat en protéines, en glucides complexes, en graisses saines, ainsi qu'en vitamines et minéraux.
Les bodybuilders peuvent suivre des régimes spécifiques pour atteindre leurs objectifs, tels que la prise de masse musculaire ou les phases de définition musculaire, tout en surveillant leur apport calorique global.

Complémentation:

Les compléments alimentaires peuvent être utilisés pour optimiser les résultats de la musculation en fournissant des poudres de protéines, des acides aminés, de la créatine, des BCAA (acides aminés à chaîne ramifiée), des multivitamines et des minéraux, ainsi que d'autres substances légales, pour soutenir les performances et la récupération.

Dans ma dernière mise à jour, certaines tendances dans la recherche sur la musculation comprenaient la :

Nutrition personnalisée :

Les chercheurs explorent comment la nutrition individualisée, basée sur le génome, le métabolisme et d'autres facteurs personnels, peut influencer les résultats de la musculation.

La nutrition personnalisée, basée sur le génome, le métabolisme et d'autres facteurs personnels, est une approche qui vise à adapter l'alimentation en fonction des caractéristiques individuelles de chaque personne.

Voici quelques exemples de la façon dont la nutrition personnalisée peut influencer les résultats de la musculation :

Génome:

L'étude du génome permet d'identifier les variations génétiques qui peuvent influencer la façon dont notre corps réagit aux différents nutriments.

Par exemple, certaines personnes peuvent avoir une prédisposition génétique à métaboliser les graisses plus efficacement, tandis que d'autres peuvent avoir une meilleure capacité à utiliser les glucides comme source d'énergie.

En adaptant l'alimentation en fonction de ces variations génétiques, il est possible d'optimiser les résultats de la musculation.

Raymond Mialon

Métabolisme:

Chaque individu a un métabolisme unique, qui détermine la vitesse à laquelle il brûle des calories et utilise les nutriments.

En comprenant son propre métabolisme, il est possible d'ajuster l'apport calorique et la répartition des macronutriments (glucides, protéines, lipides) pour favoriser de manière optimale la prise de muscle et la perte de graisse.

Le métabolisme de chaque individu est vraiment unique et peut être influencé par divers facteurs tels que l'âge, le sexe, la génétique, le niveau d'activité physique et l'alimentation. Voici quelques façons de comprendre et d'ajuster votre métabolisme pour favoriser le gain musculaire et la perte de graisse de manière optimale :

Comprendre votre métabolisme :

Il est possible de mesurer le métabolisme de base (dépense énergétique au repos) à l'aide de tests spécifiques qui peuvent être effectués dans des centres spécialisés. Ces tests aident à déterminer la quantité de calories brûlées au repos, fournissant une base pour ajuster l'apport calorique.

Consulter un professionnel de la santé, comme un diététicien ou un diététiste, peut également vous aider à mieux comprendre votre métabolisme et à recevoir des conseils personnalisés.

Raymond Mialon

Ajustez l'apport calorique et la répartition des macronutriments :

En fonction des objectifs (prise de muscle, perte de graisse), il est important d'ajuster l'apport calorique quotidien.

Pour gagner du muscle, un léger excédent calorique peut être nécessaire, tandis que pour perdre de la graisse, un déficit calorique contrôlé peut être envisagé.

La répartition des macronutriments (glucides, protéines, lipides) joue un rôle crucial.

Par exemple, pour favoriser le gain musculaire, un apport adéquat en protéines est essentiel, tandis que pour la perte de graisse, un apport modéré en glucides peut être bénéfique.

Exemple d'ajustement pour la prise de muscle et la perte de graisse :

Pour le gain musculaire, un individu pourrait ajuster son alimentation en augmentant progressivement son apport calorique, en s'assurant de consommer des protéines de qualité et en incorporant des séances de musculation pour stimuler la croissance musculaire.

Pour la perte de graisse, une approche de réduction calorique progressive, combinée à un contrôle de la quantité de glucides consommés et à un programme d'exercices cardiovasculaires et de musculation, peut être adoptée.

Il est important de noter que l'ajustement de l'apport calorique et de la distribution des macronutriments devrait idéalement se faire sous la supervision d'un professionnel de la santé, en particulier pour les ajustements plus importants ou les objectifs spécifiques.

Facteurs personnels :

En plus du génome et du métabolisme, d'autres facteurs personnels peuvent également influencer les résultats de la musculation.

Par exemple, la sensibilité à l'insuline, les intolérances alimentaires, les préférences gustatives et les habitudes de vie peuvent toutes jouer un rôle dans la façon dont notre corps réagit à la nourriture.

En tenant compte de ces facteurs, il est possible de personnaliser l'alimentation pour maximiser les résultats en musculation.
Il est important de noter que la nutrition personnalisée en musculation est un domaine de recherche en constante évolution, et les exemples donnés ci-dessus ne sont qu'un aperçu des possibilités offertes par cette approche.

Il est recommandé de consulter un professionnel de la santé ou un nutritionniste spécialisé en musculation pour obtenir des conseils personnalisés adaptés à vos besoins spécifiques.

Raymond Mialon

Formation périodisée :

L'utilisation de programmes d'entraînement périodisés, qui font varier les intensités et les volumes d'entraînement sur des cycles spécifiques, était un domaine d'intérêt pour optimiser les gains musculaires.

L'entraînement périodisé, également connu sous le nom de périodisation, est une approche de l'entraînement qui implique la variation planifiée des paramètres d'entraînement tels que l'intensité, le volume et la densité sur des cycles spécifiques.
Cette méthode a suscité un intérêt considérable dans le domaine de la musculation pour optimiser les gains musculaires.

Principes de la formation périodique :
Variation de cycle :

L'entraînement périodisé est basé sur le principe de la division de l'entraînement en cycles distincts, appelés périodes.
Ces périodes peuvent inclure des phases d'accumulation, d'intensification et de récupération, chacune ayant des objectifs spécifiques.

Intensité et volume :

Au cours de chaque période, l'intensité (la charge par rapport à la force maximale) et le volume d'entraînement (le nombre total de séries, de répétitions et d'exercices) sont ajustés pour répondre aux besoins spécifiques de l'athlète ou du préparateur physique.

Plusieurs objectifs :

Ces cycles de variation permettent de cibler différents aspects de la condition physique, tels que l'endurance musculaire, la force maximale, l'hypertrophie musculaire et la récupération, contribuant ainsi à des progrès constants et évitant la stagnation des progrès.

Avantages de la formation périodisée :

Optimisation des gains musculaires :
En adaptant les cycles d'entraînement à des objectifs spécifiques, l'entraînement périodisé aide à maximiser les gains musculaires, minimisant ainsi le risque de surentraînement et de stabilisation.

Réduction du risque de blessure :

La variation planifiée de l'intensité et du volume de l'entraînement, ainsi que les périodes de récupération intégrées, aident à réduire le risque de blessure due à une surcharge prolongée.

Raymond Mialon

Amélioration des performances :

En ajustant l'entraînement en fonction de cycles périodisés, les athlètes peuvent améliorer leurs performances dans des domaines spécifiques tels que la force, la puissance et l'endurance.

L'entraînement périodisé est une approche stratégique et systématique qui vise à optimiser la progression et les performances musculaires, en tenant compte des principes de variation, d'adaptation et de récupération.
Cette méthode est largement utilisée par les athlètes d'élite, les culturistes et les culturistes qui cherchent à maximiser leurs résultats tout en minimisant les risques pour la santé.

Suppléments et Ergogènes :

Des études ont continué à évaluer l'efficacité de différents suppléments, y compris les protéines, les acides aminés, les pré-entraînements et d'autres substances, dans l'amélioration des performances et des résultats d'entraînement.
Les suppléments et les ergogènes sont des substances ou des produits utilisés dans le but d'améliorer les performances sportives, la récupération et les résultats d'entraînement. Ils peuvent inclure une variété de produits tels que des protéines, des acides aminés, des pré-entraînements, des suppléments nutritionnels, des ergogènes nutritionnels et d'autres substances.

Raymond Mialon

Voici une explication détaillée des principaux types de suppléments et d'ergogènes étudiés pour leur efficacité dans l'amélioration des performances et des résultats d'entraînement :

Protéine:

Les suppléments protéiques, tels que le lactosérum, la caséine et les protéines végétales, sont largement utilisés en musculation pour favoriser la synthèse des protéines, la récupération musculaire et la croissance musculaire.
Les protéines sont essentielles à la récupération et à la reconstruction musculaires après l'entraînement.

Acides aminés :

Certains acides aminés, en particulier les acides aminés à chaîne ramifiée (BCAA) tels que la leucine, l'isoleucine et la valine, sont étudiés pour leur rôle potentiel dans la réduction de la dégradation musculaire, l'augmentation de la synthèse des protéines et la réduction de la fatigue pendant l'exercice.

Pré-entraînements :

Les suppléments de pré-entraînement sont conçus pour améliorer l'énergie, la concentration, la force, l'endurance et la vascularisation pendant votre entraînement.
Ils peuvent contenir des ingrédients tels que la caféine, la bêta-alanine, la créatine, les nitrates, les extraits de plantes et d'autres composés destinés à maximiser les performances.

Raymond Mialon

Substances ergo géniques :

Les substances ergo géniques peuvent inclure des composés tels que la créatine, les nitrates, la bêta-alanine, les stimulants, les adaptogènes, les antioxydants et d'autres substances étudiées pour leur capacité à améliorer les performances, l'endurance, la force, la récupération et la résistance à la fatigue.

Études et évaluation :

La recherche continue d'évaluer l'efficacité de ces suppléments et ergogènes en termes de performances, de santé et de bienfaits pour la récupération.
Les études examinent également les doses optimales, le moment de la prise et les interactions potentielles avec d'autres nutriments et médicaments.

Il est essentiel de souligner que l'utilisation de tout supplément ou ergogène doit être basée sur des connaissances approfondies, des recommandations professionnelles et une évaluation des besoins individuels. Il est recommandé de consulter un professionnel de la santé ou un nutritionniste du sport pour obtenir des conseils personnalisés avant de commencer tout programme de supplémentation.

Optimisation du temps de formation :

Des recherches étaient en cours pour déterminer les protocoles d'entraînement les plus efficaces en termes de durée et de fréquence afin de maximiser les gains musculaires tout en minimisant les risques de blessures. Cette approche vise à trouver un équilibre entre la quantité et la qualité de la formation afin d'obtenir les meilleurs résultats.

Protocoles d'entraînement efficaces :

Les chercheurs étudient différents protocoles d'entraînement tels que l'entraînement par intervalles, l'entraînement en circuit, l'entraînement en force, l'entraînement par hypertrophie et d'autres méthodes pour déterminer leur efficacité en termes de gains musculaires tout en améliorant la force et l'endurance.

Durée et fréquence :

Les études portent sur la durée optimale des entraînements, la fréquence des séances par semaine, ainsi que la répartition des groupes musculaires pour maximiser l'efficacité de l'entraînement tout en évitant la surcharge et le risque de blessure.

Gestion du volume et de l'intensité :

L'optimisation du temps d'entraînement passe également par une bonne gestion du volume (nombre de séries et de répétitions) et de l'intensité (charge utilisée) pour chaque séance afin de stimuler la croissance musculaire et la force, permettant une récupération adéquate entre les séances.

Raymond Mialon

Adaptation individuelle :

Les chercheurs reconnaissent l'importance de l'adaptation individuelle dans l'optimisation du temps d'entraînement, car les besoins d'entraînement, la tolérance et les capacités de récupération varient d'une personne à l'autre.
Des programmes d'entraînement personnalisés peuvent être nécessaires pour optimiser les résultats en fonction des caractéristiques individuelles.

Prévention des blessures :

Un autre aspect clé de l'optimisation du temps d'entraînement est la prévention des blessures.
Les protocoles d'entraînement doivent être conçus de manière à minimiser le risque de blessures liées à la surcharge, à la fatigue excessive et aux mouvements inappropriés.

En bref, l'optimisation du temps d'entraînement repose sur une approche scientifique pour déterminer les meilleurs protocoles d'entraînement en termes de durée, de fréquence, de volume, d'intensité et d'adaptation individuelle pour maximiser les gains musculaires tout en préservant la santé et en minimisant les risques de blessures.
Cette recherche est essentielle pour fournir des recommandations précises aux athlètes, aux entraîneurs et aux praticiens de la musculation soucieux d'obtenir des résultats optimaux dans le cadre de leur programme d'entraînement.

Raymond Mialon

Évaluation du rétablissement :

Les scientifiques ont cherché à mieux comprendre les mécanismes de récupération post-entraînement en examinant des approches telles que la cryothérapie, la compression et d'autres méthodes pour accélérer la récupération musculaire. L'évaluation de la récupération post-entraînement est un domaine de recherche important qui vise à mieux comprendre les mécanismes de la récupération musculaire et à examiner les approches permettant d'accélérer ce processus.

Mécanismes de récupération :

Les scientifiques étudient les mécanismes physiologiques et biochimiques impliqués dans la récupération musculaire post-entraînement, notamment la réparation des tissus musculaires, l'élimination des déchets métaboliques, la restauration des réserves d'énergie et la réduction de l'inflammation.

Évaluation scientifique :

Les chercheurs utilisent des méthodes scientifiques telles que l'imagerie musculaire, les marqueurs biochimiques, les évaluations de performance, les questionnaires sur la fatigue et d'autres outils pour mesurer et évaluer l'efficacité de ces approches de récupération.

Les chercheurs utilisent diverses méthodes scientifiques pour mesurer et évaluer l'efficacité des approches de récupération, en particulier dans le domaine de la physiologie de l'exercice et de la performance athlétique.

Raymond Mialon

Voici quelques exemples de méthodes et d'outils couramment utilisés :

Imagerie musculaire :

L'imagerie par résonance magnétique (IRM) et l'échographie musculaire peuvent être utilisées pour évaluer les changements dans la structure et la composition du tissu musculaire en suivant les protocoles de récupération. Ces techniques permettent d'observer les adaptations musculaires et de mesurer d'éventuelles lésions tissulaires.

Marqueurs biochimiques :

Les chercheurs peuvent analyser des échantillons de sang pour mesurer les niveaux de certains marqueurs biochimiques associés à la récupération musculaire, tels que la créatine kinase, les cytokines inflammatoires, les hormones anabolisantes, etc.
Ces mesures sont utilisées pour évaluer les processus de régénération des tissus et de réparation musculaire.

Évaluations de la performance :

Des tests de performance spécifiques, tels que des tests d'endurance, des évaluations de la force musculaire, des tests de vitesse et d'agilité, sont utilisés pour évaluer l'impact des approches de récupération sur les capacités physiques des individus.

Questionnaires sur la fatigue :

Des questionnaires standardisés sur la fatigue, tels que l'échelle de fatigue de Borg ou d'autres échelles d'effort perçues, sont utilisés pour recueillir des données subjectives sur l'état de fatigue et de récupération des individus.

Autres outils :

Les trackers d'activité physique, les capteurs de fréquence cardiaque, les actimètres (mesure de l'activité physique), les questionnaires sur la qualité du sommeil et de l'alimentation, ainsi que les évaluations psychologiques peuvent également être utilisés pour obtenir une vision holistique du rétablissement.

Supposons qu'une étude cherche à évaluer l'efficacité d'une nouvelle méthode de récupération après un exercice intense.
Les chercheurs pourraient utiliser une combinaison de ces méthodes, en mesurant les changements dans la composition musculaire à l'aide de l'IRM, en analysant les niveaux de marqueurs biochimiques dans le sang, en effectuant des tests de performance avant et après la période de récupération et en recueillant des données subjectives sur la fatigue à l'aide de questionnaires.
L'ensemble de ces données permettrait d'évaluer en profondeur l'impact de la méthode de récupération sur la récupération musculaire et la performance physique.

Raymond Mialon

La compréhension des mécanismes de récupération et de l'efficacité des différentes approches permet d'élaborer des recommandations pratiques pour les athlètes, les sportifs et les personnes actives afin d'optimiser leur processus de récupération et favoriser des adaptations positives à l'entraînement.

En conclusion, l'évaluation de la récupération implique une exploration approfondie des méthodes et des mécanismes permettant d'accélérer le processus de récupération musculaire post-entraînement.
Cette recherche est cruciale pour améliorer les stratégies de récupération, réduire le risque de surmenage et de blessure, et maximiser les avantages de l'entraînement sur la performance et la santé musculaire.

Massage :

Les massages sportifs , le massage des tissus profonds et d'autres techniques de massage sont examinés pour leur capacité à améliorer la circulation sanguine, à réduire la tension musculaire et à favoriser la récupération après l'entraînement.

Nutrition post-entraînement :

Un apport adéquat en nutriments après l'entraînement, notamment des protéines, des glucides et des électrolytes, est crucial pour favoriser la récupération musculaire, la synthèse des protéines et la restauration des réserves d'énergie.

Raymond Mialon

Étirements et relaxation :

Les étirements, les techniques de relaxation comme le yoga ou la méditation sont étudiés pour leur capacité à réduire les tensions musculaires, à favoriser la récupération mentale et physique, et à réduire le stress et les larmes. symptômes de fatigue musculaire.

Les étirements sont souvent utilisés pour améliorer la flexibilité musculaire, réduire la raideur et favoriser le flux sanguin vers les tissus musculaires. Des étirements dynamiques ou statiques peuvent être effectués après l'exercice pour aider à détendre les muscles et favoriser la récupération.

Des études suggèrent que les étirements peuvent aider à réduire les douleurs musculaires après l'exercice et à améliorer la flexibilité.

Ces exemples illustrent différentes approches qui sont étudiées dans la recherche sur la récupération musculaire post-entraînement.

Les résultats de ces études peuvent fournir des informations précieuses pour aider les athlètes et les personnes actives à optimiser leur processus de récupération et à améliorer leurs performances sportives.

Raymond Mialon

Les dangers de la musculation :

La musculation, comme tout sport, comporte certains dangers qu'il ne faut pas négliger.

Voici quelques éléments à prendre en compte :

Blessures musculaires et articulaires :

En raison d'un entraînement intensif et d'une charge de travail élevée, les bodybuilders courent un risque accru de blessures musculaires et articulaires.

Il est essentiel de pratiquer des techniques d'entraînement appropriées et de respecter les périodes de récupération pour éviter ces blessures.

Surmenage et surentraînement :

La recherche de la perfection physique peut parfois conduire au surmenage et au surentraînement, ce qui peut avoir des répercussions négatives sur la santé mentale et physique.

Il est important de trouver un équilibre entre l'entraînement, le repos et la récupération.

Utilisation de substances dopantes :

Malheureusement, dans certains cas, les bodybuilders peuvent être tentés d'utiliser des substances dopantes pour améliorer leurs performances ou leur apparence physique. Cela comporte de graves risques pour la santé et est contraire à l'éthique sportive.

Raymond Mialon

Pression psychologique :

La pression d'atteindre des normes esthétiques irréalistes peut entraîner des problèmes de dysmorphie corporelle, d'estime de soi et de santé mentale. Il est essentiel de promouvoir une vision équilibrée de la forme physique et du bien-être.

Régime extrême :

Certains bodybuilders adoptent des régimes extrêmes pour atteindre un très haut niveau de définition musculaire.

Cela peut entraîner des carences nutritionnelles et des problèmes de santé à long terme.

La déshydratation :

La déshydratation en compétition de bodybuilding est un sujet important à prendre en considération pour les compétiteurs. Voici quelques informations sur ce sujet :

La déshydratation est souvent utilisée par les bodybuilders avant une compétition pour améliorer la définition musculaire et la vascularisation.

En réduisant la quantité d'eau dans le corps, les muscles peuvent paraître plus secs et plus définis.

Cependant, la déshydratation peut être dangereuse si elle est mal gérée.

Raymond Mialon

Une déshydratation excessive peut entraîner des problèmes de santé tels que des crampes musculaires, des étourdissements, une diminution des performances physiques et même des complications graves.

Il est essentiel de suivre des recommandations appropriées pour la déshydratation en compétition de bodybuilding. Les compétiteurs doivent travailler en étroite collaboration avec des professionnels de la santé et des entraîneurs expérimentés pour élaborer un plan de déshydratation sûr, efficace et sans danger.

Les méthodes couramment utilisées pour la déshydratation en compétition de bodybuilding comprennent la réduction progressive de l'apport en eau, l'utilisation de diurétiques naturels tels que le thé d'ortie ou le pissenlit, et la pratique de l'exercice physique pour augmenter la sudation.

Il est important de noter que la déshydratation en compétition de bodybuilding est une pratique controversée et qu'elle peut varier d'un compétiteur à l'autre. Certains bodybuilders préfèrent éviter complètement la déshydratation et se concentrent plutôt sur d'autres aspects de leur préparation physique.

Il est crucial de consulter un professionnel de la santé ou un entraîneur spécialisé pour obtenir des conseils personnalisés sur la déshydratation en compétition de bodybuilding. Chaque individu est unique et nécessite une approche adaptée à ses besoins spécifiques.

Raymond Mialon

En conclusion, bien que la musculation présente de nombreux avantages pour la santé, il est important de reconnaître et de prendre en compte les risques potentiels associés à ce sport.
Une approche équilibrée, axée sur la santé et le bien-être en général, est essentielle pour une musculation en toute sécurité.

La musculation suscite des critiques et des appréciations pour diverses raisons, reflétant les différentes perspectives sur le sport :

Avis sur la musculation :

Esthétique irréaliste :

La musculation est parfois critiquée pour promouvoir des normes esthétiques irréalistes en mettant l'accent sur la taille des muscles et la définition extrême, ce qui peut contribuer à une pression sociétale négative sur l'apparence physique.

Utilisation de substances dopantes :

L'utilisation généralisée de substances dopantes dans le culturisme professionnel a suscité des critiques à l'égard de l'éthique sportive et de leurs conséquences sur la santé des athlètes.

Concentration excessive sur l'apparence physique :

Certains critiques estiment que la musculation met trop l'accent sur l'apparence physique au détriment d'autres aspects de la santé et du bien-être, ce qui pourrait contribuer à la dysmorphie corporelle et aux problèmes corporels

Détermination et discipline :

La musculation est souvent louée pour la détermination et la discipline qu'elle requiert, ainsi que pour la capacité des pratiquants à repousser leurs limites physiques et mentales.

Raymond Mialon

Promotion de la santé et du bien-être :

La musculation peut offrir des avantages pour la santé tels que l'amélioration de la force, de la posture et de la santé des os, ce qui est largement apprécié.

Communauté et soutien :

La communauté des passionnés de musculation offre une entraide, des conseils d'entraînement, et une camaraderie appréciée par de nombreux pratiquants.

Expression artistique du corps :

Certains considèrent la musculation comme une forme d'art physique et plastique, mettant en valeur la capacité du corps humain à se transformer et à atteindre des niveaux exceptionnels de développement musculaire.

En bref, la musculation est un sport qui divise en raison de ses aspects controversés, mais elle est également appréciée pour les valeurs qu'elle incarne, les bienfaits pour la santé qu'elle apporte et l'expression physique qu'elle représente pour de nombreux pratiquants.
De nombreux sports se reconnaîtront dans ces déclarations.

Raymond Mialon

Détracteurs:

Pour les détracteurs de la musculation, il est important de mettre en avant certains aspects positifs du sport en répondant de manière constructive aux préoccupations soulevées.

Voici quelques éléments à prendre en compte lorsque vous discutez avec les détracteurs de la musculation :

Mettez en évidence les avantages pour la santé :
Mettez en évidence les avantages pour la santé de la musculation, tels que l'amélioration de la force, de la densité osseuse et du métabolisme, ainsi que la réduction du risque de blessure.
Insistez sur le fait que la musculation peut être pratiquée de manière équilibrée et bénéfique pour la santé globale.
La musculation est également essentielle pour tous les sports, afin d'améliorer : l'équilibre, la puissance, le tonus, l'endurance.

Promouvoir l'équilibre et la diversité :

Expliquez que la musculation n'est pas seulement une question de compétition et d'apparence extrême, mais englobe également des formes d'entraînement axées sur la santé, la forme physique générale et le bien-être mental.

Raymond Mialon

Discutez de la discipline et de la détermination :

Mettez l'accent sur la discipline, la détermination et le travail acharné requis pour faire de la musculation, en soulignant que ces qualités peuvent être admirables quelle que soit l'activité physique choisie.

Répondre aux préoccupations légitimes :

Reconnaissez les préoccupations légitimes, telles que l'utilisation de substances dopantes, les normes esthétiques irréalistes ou les risques pour la santé mentale, et discutez des mesures prises par la communauté du culturisme pour résoudre ces problèmes.

Encouragez le respect mutuel :

Invitez un dialogue respectueux et ouvert, en reconnaissant que chaque personne a des préférences et des perspectives différentes en matière de conditionnement physique et de sport. Insistez sur l'importance de respecter les choix individuels en matière d'activité physique.

En engageant une conversation constructive et en soulignant les aspects positifs de la musculation tout en répondant à des préoccupations légitimes, il est possible d'encourager la compréhension mutuelle et le respect des choix personnels en matière de remise en forme.

Face aux détracteurs de la musculation, il peut être utile de présenter un discours qui met en avant les nombreux bienfaits de cette discipline.

Raymond Mialon

Voici un exemple de discours efficace que vous pourriez prononcer :

Chers amis, je comprends qu'il puisse y avoir des inquiétudes ou des critiques sur la musculation, mais j'aimerais vous expliquer pourquoi je suis passionnée par cette discipline et comment elle apporte de réels bienfaits à ma santé et à mon bien-être.

Promotion de la santé physique :

La musculation, loin d'être simplement esthétique, est une pratique qui vise à améliorer la force, l'endurance musculaire, la posture et la santé osseuse.
En développant mes muscles de manière équilibrée, je renforce mon corps et je réduis les risques de blessures.

Gestion du poids et de la composition corporelle :

La musculation m 'aide à contrôler mon poids et ma composition corporelle, favorisant la prise de masse musculaire et la réduction de la masse grasse.
Cela me permet de maintenir un métabolisme sain et une meilleure régulation de mon poids.

Bienfaits psychologiques :

La discipline et la détermination requises pour faire de la musculation m'ont donné un sentiment de maîtrise de soi, de confiance en soi et de discipline.
Cela a un impact positif sur mon bien-être mental et émotionnel.

Raymond Mialon

Se dépasser soi-même :

La musculation m'encourage à me fixer des objectifs, à repousser mes limites et à cultiver la persévérance.
Cela me permet de développer des qualités telles que la patience, la détermination et la résilience.

Inspiration et motivation :

En pratiquant la musculation, je peux inspirer les autres à adopter un mode de vie sain, à prendre soin de leur corps et à se fixer des objectifs ambitieux.

En bref, la musculation est bien plus qu'une simple recherche esthétique.
C'est une discipline qui contribue à ma santé physique et mentale, me donne un sentiment d'accomplissement personnel et m'encourage à donner le meilleur de moi-même.
Je respecte vos préoccupations, mais vous invite à considérer les nombreuses facettes positives que la musculation apporte à ma vie et à celle de nombreux autres passionnés.

Les ados et la musculation :

La musculation peut être conseillée pour les adolescents, mais il est important de prendre en compte plusieurs facteurs avant de la recommander.
Voici quelques éléments à prendre en compte :

Développement physique :
Les adolescents grandissent et leur corps se développe. Il est essentiel de s'assurer que tout programme de musculation est adapté à votre stade de développement, en mettant l'accent sur un exercice approprié et une supervision appropriée.

Encadrement professionnel :
Il est recommandé aux adolescents de faire de la musculation sous la supervision d'un professionnel qualifié, comme un entraîneur personnel ou même un éducateur sportif.
Cela permet de s'assurer que les jeunes reçoivent une formation adéquate et évitent les blessures liées à une mauvaise technique.

Équilibre et diversité :
Il est important pour les adolescents de pratiquer la musculation de manière équilibrée, en incorporant d'autres formes d'exercices physiques tels que le cardio, la flexibilité et la coordination.
Un programme complet contribue au développement global de la condition physique.

Raymond Mialon

Nutrition et éducation à la santé :

Les adolescents qui s'engagent dans la musculation doivent recevoir une éducation appropriée sur la nutrition, la récupération et les besoins spécifiques de leur corps pendant la période de croissance.

Objectifs réalistes :

Il est important de promouvoir des objectifs réalistes et sains pour les adolescents qui font de la musculation, en mettant l'accent sur la santé, la forme physique et le bien-être, plutôt que sur des normes esthétiques irréalistes.

La musculation peut être conseillée aux adolescents, mais elle doit être pratiquée de manière responsable, en accordant une attention particulière à la supervision professionnelle, à l'équilibre des activités physiques et à l'accent mis sur la santé et le bien-être en général.
C'est répétitif, mais essentiel.
Des visites chez le médecin ne sont pas à exclure, bien au contraire.
Cela pourrait être la source d'une percée sur votre cas, ce qui vous fera probablement avancer en contournant un problème auparavant insoupçonné.

Raymond Mialon

Rôle de l'esprit :

Le rôle de l'esprit dans la discipline de la musculation est important et peut avoir un impact majeur sur la performance, la persévérance et le bien-être général des pratiquants. Voici quelques aspects importants du rôle de l'esprit dans cette discipline :

Détermination et discipline :

La musculation nécessite une grande détermination et discipline, et l'esprit joue un rôle essentiel dans la capacité de maintenir un entraînement rigoureux, d'adhérer à un régime strict et d'atteindre des objectifs de remise en forme.

Visualisation et concentration :

Les pratiquants utilisent souvent des techniques de visualisation pour se concentrer sur leurs objectifs, visualiser leurs progrès et se motiver à atteindre un physique spécifique.
La concentration mentale pendant l'entraînement est également cruciale pour maximiser les performances.

Gestion du stress et de la pression :

La participation à des compétitions de musculation peut entraîner divers niveaux de stress et de pression chez les athlètes.
Il est essentiel de comprendre et de gérer ces aspects pour performer au mieux.

Raymond Mialon

En compétition, le stress peut provenir de diverses sources telles que la volonté de performer, les attentes personnelles et externes, la comparaison avec les autres athlètes, ou la peur de l'échec.

La pression peut découler des objectifs à atteindre, des enjeux de la compétition, ainsi que des attentes de l'entraîneur, de l'équipe ou du public.

Stratégies de gestion du stress et de la pression Préparation mentale :

Comme nous l'avons vu plus haut, l'entraînement mental, la visualisation positive, et établissement d'objectifs réalistes peuvent aider à réduire le stress en compétition.

Respiration et relaxation :

Techniques de respiration profonde et de relaxation musculaire peuvent favoriser la détente et réduire l'anxiété.

Gestion du temps :

Établir une routine avant la compétition et gérer son temps de manière efficace peut aider à diminuer le stress lié à l'organisation.

Focus sur le contrôle :

Se concentrer sur les aspects contrôlables tels que la technique, la préparation physique et mentale, plutôt que sur les éléments externes, peut réduire la pression inutile.

Raymond Mialon

Communication et soutien :

Il est crucial pour les athlètes de communiquer ouvertement avec leur entraîneur, leur équipe, voire un professionnel de la santé mentale, pour obtenir le soutien nécessaire en matière de gestion du stress et de la pression.

En conclusion, la gestion du stress et de la pression en compétition de musculation est un aspect essentiel de la performance sportive. En comprenant ces éléments et en adoptant des stratégies efficaces, les athlètes peuvent optimiser leurs performances tout en préservant leur bien-être mental.

Confiance en soi et estime de soi :

La musculation peut influencer la confiance en soi et l'estime de soi, et l'esprit joue un rôle dans la construction d'une image de soi positive, quelles que soient les normes esthétiques externes.

Résilience et persévérance :

La musculation implique souvent des défis physiques et mentaux, et la résilience mentale est nécessaire pour surmonter les difficultés, les plateaux d'entraînement et les périodes de doute de soi.

L'esprit joue un rôle crucial dans la musculation, influençant la détermination, la concentration, la gestion du stress, la confiance en soi et la persévérance.

Les pratiquants de ce sport reconnaissent souvent l'importance de la préparation mentale pour compléter le travail physique et atteindre leurs objectifs.

Raymond Mialon

Les personal trainer :

Ou les entraîneurs personnels, jouent un rôle crucial dans l'entraînement de musculation et de musculation en général. Leur présence et leur expérience offrent de nombreux avantages aux pratiquants, surtout lorsqu'il s'agit de ce sport exigeant.
Voici quelques raisons pour lesquelles les entraîneurs personnels sont importants dans l'entraînement de musculation :

Supervision et sécurité :

Les entraîneurs personnels peuvent fournir une supervision appropriée pendant les séances d'entraînement, en veillant à ce que les exercices soient effectués correctement pour prévenir les blessures et maximiser les résultats.

Programmes personnalisés :

Un entraîneur personnel peut personnaliser les programmes d'entraînement en fonction des besoins, des capacités et des objectifs spécifiques de chaque pratiquant, en maximisant les résultats et en évitant les programmes génériques qui peuvent ne pas convenir à tout le monde.

Technique et formes d'exercice :

Les entraîneurs personnels sont formés pour enseigner les techniques et les formes d'exercice appropriées, ce qui est essentiel pour maximiser les avantages de l'entraînement tout en minimisant le risque de blessure.

Raymond Mialon

Motivation et responsabilité :

Les entraîneurs personnels peuvent fournir un soutien moral, une motivation constante et une responsabilisation pour aider les pratiquants à rester engagés dans leur programme d'entraînement, même lorsqu'ils rencontrent des obstacles.

Conseils en matière de nutrition et de rétablissement :

En plus de l'entraînement physique, les entraîneurs personnels peuvent offrir des conseils sur la nutrition, la récupération et la gestion du stress, ce qui contribue à une approche holistique de la forme physique.

En conclusion, les entraîneurs personnels sont extrêmement importants dans la supervision de la musculation, offrant une supervision, des programmes personnalisés, des conseils techniques, de la motivation et un soutien global pour aider les utilisateurs à atteindre leurs objectifs en toute sécurité et efficacement.
L'entraîneur personnel ne prend en charge qu'un seul élève à la fois.

Raymond Mialon

Différences:

Les termes « éducateur », « instructeur », « enseignant » et « entraîneur personnel » sont souvent associés à des rôles spécifiques dans le domaine de l'éducation, de l'entraînement physique et de l'entraînement.

Voici les différences entre ces termes :

Éducateur :

Un éducateur est généralement associé à l'éducation formelle et à l'éducation académique.

Ils peuvent travailler dans l'enseignement scolaire, l'éducation spécialisée, l'éducation physique et sportive, ou dans d'autres domaines éducatifs.

Leur rôle est d'enseigner les matières académiques, de développer les compétences des élèves et de favoriser le développement global des élèves.

Moniteur :

Un moniteur est souvent associé à la surveillance, à la direction et à la sécurité dans des activités spécifiques, telles que les sports, les loisirs ou les activités de plein air.

Ils peuvent être chargés d'encadrer les participants, d'enseigner des compétences spécifiques et d'assurer le bon déroulement des activités.

Raymond Mialon

Professeur:

Un professeur est généralement associé à l'enseignement dans un cadre scolaire ou universitaire.

Il donne des cours académiques dans des matières spécifiques, évalue les étudiants et participe fréquemment à des activités de recherche et de développement pédagogique et sportif.

Entraîneur personnel :

Un entraîneur personnel est un professionnel du conditionnement physique qui travaille avec des individus pour les aider à atteindre leurs objectifs de santé et de forme physique.

Il conçoit des programmes d'entraînement personnalisés, fournit du temps, des conseils nutritionnels et de la motivation pour aider ses membres à atteindre leurs objectifs de remise en forme.

En résumé, bien que ces termes puissent parfois se chevaucher, ils sont associés à des rôles distincts dans les domaines de l'éducation, de l'entraînement physique et de l'entraînement, avec des responsabilités et des contextes spécifiques.

Chorégraphie:

En musculation, la chorégraphie est souvent associée à la catégorie de « musculation artistique » ou de « musculation esthétique ».

Cette catégorie met l'accent sur la présentation artistique des muscles et des poses, mettant en valeur la symétrie, la définition musculaire et l'expression artistique du praticien. La chorégraphie, appelée « poses libres », fait partie intégrante des compétitions.

Voici quelques points importants à prendre en compte lorsqu'il s'agit de chorégraphie en musculation artistique :

Présentation artistique :

La chorégraphie en musculation artistique consiste à créer une routine posée qui met en valeur les muscles, la symétrie du corps et l'expression artistique du pratiquant. Les poses doivent être soigneusement sélectionnées pour mettre en valeur les forces de la musculature.

Expression personnelle :

Les bodybuilders artistiques ont la possibilité de s'exprimer artistiquement à travers leur chorégraphie.

Cela peut inclure des poses créatives, des transitions en douceur et une interprétation personnelle de la musique choisie pour accompagner la routine.

Fluidité et transitions :

Une bonne chorégraphie en musculation artistique implique des transitions fluides entre les poses, créant une routine cohérente et esthétiquement agréable à l'œil.
La fluidité du mouvement est essentielle pour une présentation artistique réussie.

Musique et synchronisation :

Le choix de la musique est crucial dans la chorégraphie, dans la musculation artistique. La musique doit compléter les poses et les mouvements, créant ainsi une ambiance artistique appropriée. La synchronisation des poses avec la musique est également importante pour améliorer l' impact visuel de la routine.

Évaluation artistique :

Lors des compétitions de musculation artistique, la chorégraphie est évaluée, en plus de la qualité physique des pratiquants.
Les juges tiennent compte de la créativité, de l'originalité, de l'expression artistique et de la qualité de la présentation lorsqu'ils évaluent les routines.
En somme, la chorégraphie en musculation artistique joue un rôle essentiel dans la présentation subtile des muscles et de la symétrie corporelle, offrant ainsi aux pratiquants la possibilité de s'exprimer artistiquement tout en mettant en valeur leur condition physique.
C'est aussi lors de ces passages que les non-initiés finissent par adopter ce sport. C'est dire son importance.

Raymond Mialon

Musculation féminine :

La musculation féminine est la composante élégante de la musculation de compétition. Elle a commencé à gagner du terrain à la fin des années 1970 lorsque les femmes ont commencé à participer activement à la musculation.

Auparavant, la musculation était principalement considérée comme un sport masculin.

L'histoire de la musculation féminine remonte aux origines de la musculation en général.

Les femmes ont commencé à s'intéresser à la musculation dès le début du 20e siècle, mais ont souvent été découragées de participer activement en raison des stéréotypes de genre et des normes sociales de l'époque.

Cependant, au fil du temps, certaines femmes ont décidé de briser les barrières et de se lancer dans la musculation compétitive.

Elles ont commencé à s'entraîner intensivement, à se muscler et à participer à des compétitions de musculation.

Dans les années 1970, le bodybuilding féminin a commencé à gagner en popularité grâce à des pionnières telles que Lisa Lyon, qui est devenue la première championne de bodybuilding au monde.

Cela a ouvert la voie à d'autres femmes qui ont été inspirées à suivre ses traces.

Au fil des décennies, la musculation féminine n'a cessé d'évoluer.

Les femmes ont repoussé les limites de leur musculature et développé un physique incroyablement ciselé et puissant.

Raymond Mialon

Des compétitions spécifiques ont été organisées pour les femmes, mettant en valeur leur force, leur symétrie et leur définition musculaire.

Aujourd'hui, la musculation féminine est une discipline respectée et reconnue à part entière.

Les femmes qui pratiquent la musculation s'entraînent dur, suivent des régimes stricts et se consacrent à la construction de leur corps.

Elles sont devenues des modèles et des sources d'inspiration pour de nombreuses autres femmes qui veulent se lancer dans la musculation.

En résumé, la musculation féminine a connu une évolution significative au fil des décennies, passant d'un sport dominé par les hommes à un sport où les femmes peuvent s'exprimer et montrer leur force et leur détermination.

La musculation féminine, tout comme la musculation pour les adolescentes, peut être bénéfique si elle est pratiquée de manière responsable et équilibrée.

Voici quelques éléments à prendre en compte : Supervision professionnelle :

Il est essentiel pour les femmes culturistes d'avoir une supervision professionnelle, que ce soit par l'intermédiaire d'un entraîneur personnel ou d'un entraîneur hautement qualifié. Tout comme pour les hommes néophytes.

Cela garantit que les exercices sont effectués correctement et en toute sécurité.

Raymond Mialon

Équilibre des activités physiques :

Il est important pour les femmes qui pratiquent la musculation de s'assurer qu'elles équilibrent leur entraînement, y compris les exercices d'aérobic, la flexibilité et le renforcement musculaire.
Cela aide à maintenir une forme physique globale optimale.

Mettre l'accent sur la santé et le bien-être en général :
La musculation des femmes doit être abordée sous l'angle de la santé et du bien-être en général.
Cela inclut une alimentation équilibrée, un repos adéquat et une approche positive du corps.
Il est recommandé aux femmes qui souhaitent se lancer dans la musculation de consulter des professionnels de la santé et du fitness pour recevoir des conseils adaptés à leurs besoins individuels.
En pratiquant la musculation de manière réfléchie et responsable, les femmes peuvent profiter de ses nombreux avantages pour la santé et le bien-être.

La musculation féminine s'adresse à un public diversifié, notamment :

Les femmes passionnées de fitness et de musculation :
De nombreuses femmes qui s'intéressent au fitness et à la musculation sont attirées par la musculation féminine.
Ils admirent la détermination, la discipline et les performances physiques des compétiteurs de musculation et s'inspirent de leur force musculaire et de leur esthétique.

Raymond Mialon

Amateurs de fitness :

Les compétitions de musculation féminine s'adressent à un public spécifique composé d'amateurs de fitness, de musculation et de compétitions sportives.

Ces téléspectateurs apprécient l'effort et le dévouement des participants, ainsi que l'esthétique et la symétrie de leur physique.

Les personnes à la recherche de modèles de fitness :

Les femmes à la recherche de modèles de fitness et de force sont souvent attirées par la musculation féminine. Ils considèrent les compétiteurs comme des exemples de détermination, de résilience et de réussite dans le domaine de l'entraînement physique et de la musculation.

Amateurs de sport et de compétition :

Les compétitions de musculation féminine s'adressent également à un public plus général d'amateurs de sport et de compétition.

Ces spectateurs apprécient l'aspect compétitif, le dévouement des athlètes et les performances physiques impressionnantes.

En résumé, la musculation féminine s'adresse à un public diversifié, allant des amateurs de fitness et de musculation aux amateurs de compétitions sportives, en passant par les personnes à la recherche de modèles de fitness et de force. Le ratio des bodybuilders masculins et féminins peut varier à plusieurs niveaux, notamment la physiologie, les compétitions et la perception sociale.

Raymond Mialon

Voici quelques points importants à prendre en compte :

Différences physiologiques :

Il existe des différences physiologiques entre les hommes et les femmes qui peuvent influencer votre pratique de la musculation. Par exemple, les hommes ont généralement une plus grande masse musculaire et une plus grande capacité à développer leurs muscles en raison de niveaux plus élevés de testostérone.

Les femmes, en revanche, ont tendance à avoir un pourcentage de graisse corporelle plus élevé pour des raisons biologiques.

Cependant, cela ne signifie pas que les femmes ne peuvent pas développer une musculature impressionnante grâce à un entraînement et une nutrition appropriée.

Concours distincts :

Dans le domaine de la musculation de compétition, il existe des compétitions spécifiques pour les hommes et les femmes. Les critères d'évaluation peuvent varier en fonction du sexe, mettant en évidence différentes caractéristiques physiques.

Par exemple, les compétitions de musculation masculine mettent souvent l'accent sur la taille, la symétrie et la définition des muscles, tandis que les compétitions de musculation féminines mettent davantage l'accent sur la féminité, la symétrie et la définition proportionnelle des muscles.

Raymond Mialon

Perception sociale :

La perception sociale de la musculation masculine et féminine peut différer.

Historiquement, la musculation était considérée comme un sport d'hommes, et les femmes qui s'adonnaient à cette discipline étaient souvent confrontées à des stéréotypes et à des préjugés. Cependant, au fil du temps, la musculation féminine a gagné en popularité et en reconnaissance, et les culturistes féminines sont devenues des modèles et des inspirations pour de nombreuses personnes.

En résumé, la relation entre les bodybuilders masculins et féminins est complexe et dépend de divers facteurs, tels que les différences physiologiques, les compétitions spécifiques et la perception sociale.

Les hommes et les femmes peuvent s'impliquer dans la musculation et obtenir des résultats impressionnants grâce à l'entraînement, à la nutrition et à la détermination.

Dans les compétitions de musculation, la chorégraphie joue un rôle important.

Voici quelques points clés sur l'importance de la chorégraphie en musculation :

Renforcement musculaire :

La chorégraphie permet aux concurrents de montrer leurs muscles de manière artistique.

Les poses et les mouvements sont soigneusement choisis pour mettre en valeur la symétrie, la définition et la taille des muscles.

Raymond Mialon

Expression artistique :

La chorégraphie permet aux candidats de s'exprimer artistiquement sur scène.

Ils peuvent choisir des poses et des mouvements qui reflètent leur personnalité et leur style individuels, ajoutant ainsi une dimension artistique à leur performance.

Création d'une routine :

Les candidats travaillent sur une chorégraphie qui est exécutée pendant la compétition.

Cette routine est souvent synchronisée avec la musique et peut inclure des transitions douces entre les poses.

Une bonne chorégraphie peut captiver à la fois le public et les juges, ce qui ajoute à l'impact global de la performance.

Aperçu:

La chorégraphie contribue à la présentation globale du candidat sur scène.

Une bonne chorégraphie peut aider à créer une image cohérente et professionnelle, renforçant ainsi l'impact visuel de la performance.

Il est important de noter que la chorégraphie n'est qu'une partie de la compétition de musculation.

Les concurrents sont également jugés sur la base d'autres critères tels que la symétrie, la définition musculaire, la condition physique générale et la présence sur scène.

La chorégraphie complète ces éléments et ajoute une dimension artistique à la compétition.

Pour les bodybuilders féminins, c'est exactement le même principe qui est prioritaire.
Cependant, il existe quelques différences entre la pose féminine et masculine en musculation :

Pour les femmes posant en musculation :

Les compétitions de bikini mettent l'accent sur la valorisation de la silhouette féminine en maillot de bain.
Les poses sont plus gracieuses et mettent l'accent sur la féminité.
Les concours de figures mettent davantage l'accent sur la pose et la symétrie.
Les poses sont plus athlétiques et mettent l'accent sur la définition musculaire.

Pour les hommes posant en musculation :

Les compétitions physiques masculines mettent l'accent sur la symétrie et la définition musculaire.
Les poses sont plus axées sur la mise en valeur des muscles et des proportions du corps.
Les compétitions de musculation mettent l'accent sur la taille et la masse musculaires.
Les poses sont plus dynamiques et mettent l'accent sur la puissance et la force physique.

Il est important de noter que ces différences peuvent varier en fonction de la fédération et de la catégorie de compétition.

Raymond Mialon

Les candidats masculins et féminins peuvent également choisir des poses qui reflètent leur propre style et leur personnalité.

Ce qui, soit dit en passant, est très heureux.

Voici quelques-uns des principaux critères demandés aux bodybuilders féminins :

Symétrie musculaire :

Les bodybuildeuses sont jugées par la symétrie de leurs muscles.

Il est important que les muscles des différentes parties du corps soient bien développés et proportionnés.

Définition musculaire :

La définition musculaire est un critère clé pour les culturistes féminines.

Les muscles doivent être bien définis et visibles, ce qui montre le travail acharné et l'effort physique déployé.

Taille des muscles :

Les athlètes féminines sont également évalués sur la taille de leurs muscles.

Une certaine masse musculaire est attendue, mais elle doit être équilibrée et proportionnelle au reste du corps.

L'harmonie corporelle est de mise.

Condition physique générale :

En plus de la musculature, la condition physique globale est également prise en compte.
Les femmes culturistes doivent avoir une bonne endurance, une bonne flexibilité et une bonne santé globale.

Présence sur scène :

La présence sur scène est un critère important .
Elles doivent avoir une attitude confiante, une posture droite et une présence qui capte l'attention du public et des juges.

Esthétique:

Bien que la musculature soit un aspect clé, l'esthétique globale est également prise en compte.
Elles ont besoin de présenter une apparence féminine et harmonieuse en mettant en valeur leur musculature. Ce n'est pas facile du tout ! Cela demande une grande maitrise que seuls les initiés peuvent en percevoir la valeur.

Bien sûr, comme je l'ai déjà souligné, il est important de noter que ces critères peuvent varier en fonction de la fédération et des catégories de compétition.
Les juges peuvent également tenir compte d'autres aspects, tels que la routine, la tenue vestimentaire et l'expression artistique.

Raymond Mialon

Voici quelques-uns des critères clés demandés aux bodybuilders masculins :

Symétrie musculaire :

Les bodybuilders masculins sont jugés par la symétrie de leurs muscles.

Tout comme ces dames,

Il est important que les muscles des différentes parties du corps soient bien développés et proportionnés.

Définition musculaire :

La définition musculaire est un critère clé pour les bodybuilders masculins.
Les muscles doivent être bien définis et visibles, ce qui montre le travail acharné et l'effort physique déployé.

Taille des muscles :

Les bodybuilders masculins sont également évalués sur a taille et la forme de leurs muscles.
Une certaine masse musculaire est attendue, mais elle doit être équilibrée et proportionnelle au reste du corps.

Condition physique générale :

En plus de la musculature, la condition physique globale est également prise en compte.
Les bodybuilders masculins doivent avoir une bonne endurance, une bonne flexibilité et une bonne santé globale.

Raymond Mialon

Présence sur scène :

La présence sur scène est un critère important pour les bodybuilders masculins.

Ils doivent avoir une attitude confiante, une posture droite et une présence qui capte l'attention du public et des juges.

Esthétique:

Bien que la musculature soit un aspect clé, l'esthétique globale est également prise en compte.

Les bodybuilders masculins ont besoin de présenter une apparence masculine et harmonieuse en mettant en valeur leur travail.

Notez que les critères pour les femmes et les hommes sont plus ou moins les mêmes.

Mais en réalité, le travail des juges est beaucoup plus compliqué que cela.

En fait, leurs yeux d'experts leur permettent de faire la différence entre ces deux catégories d'athlètes.

Ils savent que même avec un critère similaire sur le papier, l'anatomie et le ressenti que les concurrents leur présentent sont complètement différents.

C'est dans ces moments-là que l'on comprend la complexité de leur travail et qu'ils méritent notre respect.

Voici quelques critères principaux pour juger dans les compétitions de musculation :

Connaissance approfondie de la musculation :

Un juge en compétition de culturisme doit avoir une connaissance approfondie de ce sport, y compris les différentes catégories, poses et critères d'évaluation.

Expérience sur le terrain :

Il est préférable que les juges aient une expérience pratique dans le domaine de la musculation, que ce soit en tant qu'ancien compétiteur, entraîneur ou professionnel de la santé et du fitness.

Objectivité et impartialité :

Les juges doivent faire preuve d'objectivité et d'impartialité dans l'évaluation des concurrents.
Ils ne devraient pouvoir juger les concurrents que sur la base de critères établis, sans favoritisme ni préjugé.

Formation et certification :

Certaines organisations de culturisme peuvent exiger des juges qu'ils suivent une formation spécifique et obtiennent une certification afin de juger les compétitions officielles.

Capacité d'évaluer les résultats :

Les juges doivent être en mesure d'évaluer les résultats tels que la symétrie musculaire, la définition musculaire, la taille musculaire, la condition physique générale et l'esthétique.

Raymond Mialon

Capacité à communiquer efficacement :

Les juges doivent être en mesure de communiquer efficacement avec les concurrents, les autres juges et les organisateurs de compétitions.

Ils doivent être en mesure de fournir des commentaires et des conseils constructifs aux concurrents.

Il est important de noter que ces critères peuvent varier en fonction de la fédération et de l'organisation de musculation. Chaque concours peut avoir ses propres critères spécifiques.

Vous voyez, ce n'est pas si simple.
La compétence, le respect et le professionnalisme sont inévitablement des critères à prendre en compte.

Raymond Mialon

Perception de la musculation :

La perception de la musculation peut varier d'une personne à l'autre et dépend de nombreux facteurs, tels que les médias, la culture et les opinions individuelles.

Certaines personnes peuvent avoir une bonne opinion de la musculation en tant que sport exigeant et inspirant, tandis que d'autres peuvent avoir des idées préconçues ou préconçues à ce sujet.

Il est important de noter que la perception de la musculation peut également être influencée par la façon dont elle est représentée dans les médias.

Certains médias peuvent mettre l'accent sur les aspects positifs de la musculation, tels que la discipline, la détermination et les résultats physiques impressionnants, tandis que d'autres peuvent se concentrer sur les stéréotypes ou les aspects négatifs.

En fin de compte, la perception de la musculation peut varier d'une personne à l'autre et il n'y a pas de consensus général sur sa presse.

Voici quelques idées pour améliorer la perception de la musculation chez les non-initiés :

Éducation et sensibilisation :

Organisez des séances d'information et des ateliers pour expliquer les principes et les bienfaits de la musculation. Concentrez-vous sur les aspects positifs tels que la discipline, la santé et le bien-être.

Promouvoir des modèles positifs :

Mettez en évidence les athlètes féminines et masculins, qui sont des exemples de réussite et de santé.
Montrez comment la musculation peut transformer la vie des gens en améliorant leur condition physique, leur confiance en soi et leur discipline.

Collaboration avec les médias :

Travailler avec les médias pour promouvoir une image positive de la musculation.
Encouragez les histoires qui mettent en évidence les histoires inspirantes des bodybuilders et les avantages pour la santé.

Événements communautaires :

Organisez des mini-compétitions de musculation ou des démonstrations dans les communautés locales.
Cela permettra aux non-initiés de voir de près les efforts et les résultats des bodybuilders, et de mieux comprendre le sport.

Raymond Mialon

Communication ouverte :

Encouragez les bodybuilders à partager leurs histoires et leurs expériences avec les non-initiés.

Cela peut se faire par le biais de blogs, de vidéos ou de témoignages afin de montrer les aspects positifs de la musculation et dissiper les idées reçues.

Collaboration avec les professionnels de la santé :

Travailler en étroite collaboration avec les professionnels de la santé pour promouvoir les bienfaits de la musculation en termes de forme physique, de prévention des maladies et de bien-être mental.

Sensibilisation à la diversité :

Mettez en évidence la diversité dans la musculation en mettant en vedette des bodybuilders d'âges, de sexes, d'ethnies et de niveaux de forme physique différents.

Cela montrera que la musculation est accessible à tous et peut être adaptée à différents objectifs et besoins.

Évènement caritatif spécifique :

Organiser des spectacles avec mise en scène et costumes au profit d'une association.

Montrer que ce sport peut être au service de la communauté.

Il est important de noter que ces idées peuvent varier en fonction du contexte et des ressources disponibles.

En travaillant ensemble pour promouvoir une image positive de la musculation, nous pouvons contribuer à améliorer la perception de ce sport chez les non-initiés.

Raymond Mialon

Conclusion:

Au fil des pages de ce livre, nous avons exploré en profondeur les multiples facettes de la musculation, de son impact sur la santé physique et mentale à son rôle dans le développement personnel.
Nous avons constaté que la musculation est bien plus qu'une simple construction musculaire, et qu'elle incarne une philosophie de vie axée sur la discipline, la persévérance et la réalisation de soi.

Au fur et à mesure que nous passons en revue les avantages pour la santé de la musculation, nous mettons en lumière son rôle dans l'amélioration de la force, de l'endurance musculaire et de la santé métabolique.
Nous avons également exploré son influence positive sur la confiance en soi, la discipline mentale et la gestion du stress.

De plus, nous discutons de la façon dont la musculation peut servir d'inspiration pour d'autres domaines de la vie, encourageant les individus à se fixer des objectifs ambitieux et à cultiver un mode de vie sain.

En terminant, j'espère que ce livre a aidé à déconstruire les préjugés entourant la musculation et à mettre en évidence les avantages tangibles qu'elle peut apporter à ceux qui s'y adonnent avec sérieux et détermination.

Raymond Mialon

Que chacun trouve dans ces pages une source d'inspiration et de motivation pour poursuivre sa recherche de bien-être, de force intérieure et de dépassement. La musculation, bien plus qu'un simple sport, représente un chemin vers l'épanouissement personnel et la réalisation de son plein potentiel.

Les progrès scientifiques dans le domaine de l'entraînement sportif et de la nutrition ont apporté des résultats significatifs et approfondi notre compréhension de la façon dont le corps réagit à ces stimuli.
 Voici quelques éléments à prendre en compte pour mettre en évidence ces avancées :

Formation:

La recherche a mis en évidence l'importance de la variété des exercices dans un programme d'entraînement pour maximiser les adaptations physiologiques.
Des études ont montré l'efficacité de l'entraînement par intervalles à haute intensité (HIIT) dans l'amélioration de la forme cardiorespiratoire et de la dépense énergétique.
Les techniques de récupération telles que la compression pneumatique, la cryothérapie et la thérapie par ondes de choc ont été étudiées pour leur capacité à accélérer la récupération musculaire.

Nutrition sportive :

La science a permis de mieux comprendre l'impact de différents macronutriments (glucides, protéines, lipides) sur la performance et la récupération.

Raymond Mialon

La recherche a mis en évidence l'importance de l 'heure des repas et des nutriments dans l'optimisation de la synthèse des protéines et de la récupération musculaire. Les bienfaits des compléments alimentaires tels que la créatine, les BCAA et les acides aminés ont été étudiés pour améliorer les performances et favoriser la récupération.

En résumé, les progrès de la science dans le domaine de l'entraînement sportif et de la nutrition ont ouvert de nouvelles perspectives pour optimiser les performances, accélérer la récupération et maximiser les avantages de la l'activité physique.
Ces progrès fournissent aux athlètes et aux amateurs de conditionnement physique des outils précieux pour atteindre leurs objectifs et maintenir un mode de vie sain et actif.

La musculation intelligente repose sur une approche réfléchie et équilibrée de l'entraînement dans le but d'optimiser les résultats tout en préservant la santé et le bien-être à long terme.

Raymond Mialon

Musculation intelligente :
Conjuguer sagesse et performance :

La musculation intelligente est bien plus qu'une simple quête de force musculaire et d'esthétique. Il intègre une approche holistique de l'entraînement, axée sur une compréhension détaillée des besoins du corps, la prévention des blessures et la recherche d'un équilibre entre performance et santé.

Au cœur d'un entraînement de musculation intelligent se trouve une planification méticuleuse, basée sur des objectifs clairs et réalistes.
En comprenant les principes de la progression progressive, de la variété des exercices et d'un repos adéquat, les praticiens de musculation intelligents visent à optimiser leurs résultats sans compromettre leur intégrité physique.

L'écoute attentive du corps et la réactivité aux signes de fatigue ou de surmenage sont des piliers essentiels de cette démarche.
Plutôt que d'en faire trop, la musculation intelligente encourage à cultiver une relation équilibrée avec l'effort, en donnant la priorité à la qualité de l'exécution des mouvements et en accordant une attention particulière à la récupération.

La musculation intelligente repose également sur une connaissance approfondie de la physiologie de l'exercice et d'une nutrition adaptée.

Raymond Mialon

En comprenant les mécanismes de la croissance musculaire, l'importance des nutriments et le repos, les partisans de cette approche visent à maximiser les bienfaits de votre entraînement tout en préservant votre santé à long terme.

En bref, la musculation intelligente incarne une philosophie d'entraînement qui place la sagesse au cœur de la recherche de la performance.
En alliant la rigueur de l'entraînement au respect des limites de l'organisme, cette approche offre une voie vers des résultats durables, une santé optimale et un bien-être général.

Raymond Mialon

Merci aux pionniers de la musculation :

A cette occasion, je tiens à rendre hommage aux pionniers de la musculation, tant en France qu'à l'étranger, dont les contributions ont façonné et enrichi l'histoire de ce noble art étiquette.

Leur dévouement, leur passion et leur détermination ont jeté les bases d'une discipline qui continue d'inspirer et de transformer des vies dans le monde entier.

À nos pionniers français, qui ont insufflé la passion de la musculation dans notre pays, nous adressons nos plus sincères remerciements.

Leur vision, leur travail acharné et leur engagement ont contribué à ancrer le bodybuilding dans la culture sportive française, ouvrant la voie à de nombreuses générations d'athlètes et d'aficionados.

Nous exprimons également notre gratitude aux pionniers étrangers de la musculation, dont l'influence transcende les frontières.

Leurs réalisations ont bousculé les barrières culturelles et linguistiques, faisant de la musculation un phénomène mondial, unissant des personnes de tous horizons autour d'une passion commune pour le fitness, la force et la discipline.

Ces figures emblématiques, par leur détermination et leur quête incessante de l'excellence, ont établi le culturisme comme un art, une science et un mode de vie.

Raymond Mialon

Leur héritage se perpétue à travers les générations, inspirant de nouveaux adeptes à s'efforcer d'atteindre la perfection physique, mentale et spirituelle.

En terminant, nous exprimons notre profonde gratitude aux pionniers de la musculation, dont l'impact indélébile continue de se faire sentir.
Leurs réalisations restent une source d'inspiration inépuisable pour tous ceux qui embrassent la passion de la musculation, et leur héritage perdurera au-delà des siècles, comme un hommage à la grandeur de l'esprit humain.

Un héritage inestimable :
Les pionniers de la musculation ont ouvert la voie à un monde où la détermination, la discipline et le dépassement de soi sont célébrés.
Son héritage est bien plus qu'un simple morceau d'histoire ;
C'est un trésor inestimable, une source inépuisable d'inspiration et de motivation pour tous ceux qui aspirent à atteindre leur plein potentiel.

En reconnaissant l'impact des pionniers de la musculation, nous rendons hommage à leur persévérance et à leur volonté inébranlable.
Ses enseignements continuent d'éclairer la voie pour les passionnés, leur rappelant l'importance de l 'engagement, du travail acharné et de la patience dans la poursuite de l'excellence physique et mentale.

Raymond Mialon

Tout en exprimant notre gratitude à ces figures emblématiques, nous reconnaissons également notre responsabilité de perpétuer leur héritage.

En préservant et en transmettant ses enseignements, nous assurons la continuité d'une tradition qui transcende le physique pour toucher le cœur et l'esprit de ceux qui s'y consacrent.

Ainsi, à cette occasion, nous rendons hommage aux pionniers du bodybuilding, français et étrangers, dont l'impact résonne au fil des décennies.

Leurs dévouements et leurs passions ont enrichi nos vies, et leurs exemples continuent de guider et d'inspirer les générations actuelles et futures vers la réalisation de soi.

Raymond Mialon

Hommage aux athlètes féminines en musculation :

Il m'est impossible de ne pas saluer avec respect, proclamer hautement leur valeur, leur mérite, les reconnaître avec gratitude ou estime,
ces athlètes féminines de culturisme, véritables pionnières qui ont bravé   les interdictions, les moqueries pour enfin obtenir le un respect bien mérité pour leur implication et leur dévouement envers notre sport.

Ces femmes remarquables ont fait preuve d'une détermination sans faille, surmontant les frontières et les obstacles pour faire leur marque dans un milieu souvent marqué par les préjugés et les stéréotypes   étiquette.
Leur persévérance et leur passion ont non seulement élevé la barre pour la discipline, mais ont également ouvert la voie à une reconnaissance justifiée de leur contribution exceptionnelle.
Grâce à leur engagement et à leur résilience, ces athlètes ont transcendé les barrières entre les   sexes et ont démontré que la force,   la grâce et la détermination n'ont pas de sexe.
Son impact s'étend bien au-delà du domaine du sport, inspirant des générations entières à repousser leurs propres limites et à poursuivre leurs rêves,   quoi qu'il en soit de l'adversité.

Raymond Mialon

À ces femmes remarquables, nous exprimons notre profonde gratitude.

Leur courage et leur dévouement ont ouvert la voie à une plus grande reconnaissance et à un plus grand respect de la diversité dans le monde de la musculation.

Leur héritage continuera d'inspirer les générations futures à embrasser la diversité, l'égalité et l'acceptation, créant ainsi un avenir plus inclusif et mieux informé pour notre sport.

Musculation Intelligente:
De la Sueur à la Réussite.

Ce livre a pour objectif d'être une ressource pour ceux qui souhaitent exploiter pleinement leur potentiel en musculation.

En combinant sagesse, motivation et conseils pratiques, il offre un guide complet pour atteindre ses objectifs de fitness de manière intelligente et efficace.

Raymond Mialon

Voici ce que l'on peut dire sur ce livre :

Approche Holistique:

"Musculation Intelligente" adopte une approche holistique de la musculation, en mettant l'accent sur l'importance de la compréhension de son propre corps, de l'alimentation équilibrée et de la gestion de l'effort physique.

Stratégies Intelligentes:

Le livre propose des stratégies intelligentes pour maximiser les séances d'entraînement, éviter les blessures et optimiser les résultats.
Il met en lumière l'importance de la planification, de la variété des exercices et de l'adaptation constante de l'entraînement.

Motivation et Dépassement de Soi:

En plus des aspects techniques, ce livre aborde également la dimension mentale de la musculation.
Il inspire les lecteurs à persévérer, à surmonter les obstacles et à atteindre leurs objectifs, tout en soulignant l'importance de la patience et de la discipline.

Raymond Mialon

Réussite Durable:

L'ouvrage met l'accent sur la durabilité des résultats, en encourageant une approche équilibrée et réaliste de la musculation.

Il met en garde contre les méthodes extrêmes et met en avant la satisfaction de progresser de manière constante sur le long terme.

En résumé, "Musculation Intelligente: De la Sueur à la Réussite"
est bien plus qu'un simple guide d'entraînement.

Il s'agit d'une ressource complète qui vise à transformer la pratique de la musculation en une expérience enrichissante, éducative et gratifiante, tout en favorisant une approche équilibrée et intelligente de la remise en forme.

Avec un peu de chance, ce livre aidera les détracteurs à avoir une vision différente sur ce noble sport qu'est :
LE BODYBUILDING.

Musculation intelligente :   De la sueur à la réussite

Raymond Mialon

Musculation intelligente :   De la sueur à la réussite

Raymond Mialon